U0111465

大展好書　好書大展
品嘗好書　冠群可期

大展好書　好書大展
品嘗好書・冠群可期

武學釋典 2

太極密碼

中國太極拳百題解

余功保 著

大展出版社有限公司

序 我本太極

中國哲學認爲，宇宙萬物，總歸陰陽二性。陰陽流變，生生不已。人即陰陽互動產物，人的生命規律也遵循著陰陽法則。陰陽和諧，生命乃盛。

太極拳就是和諧的藝術，它高度體現了中國人的生命觀與運動觀。其中蘊涵了中國古人對自然、對人天無窮奧秘的探索成果，先人們用自己智慧解析的生命密碼，外化成形體動作，用太極拳套路的形式記錄下來，傳承下來，成爲寶貴的非物質文化遺產。

太極拳也因此在它產生後的相當一段時間內，被視爲「秘笈」，在很窄範圍內流傳，許多要領、理法秘不示人。這種思維也影響深遠，直到21世紀太極拳已經得到廣泛傳播的今天，它的一些練法、要領仍被蒙上一層玄秘的色彩。

其實，太極拳並不神秘。

太極拳講究的是自然中和，這是最符合人的生命規律的狀態，也是我們最熟知的感受，所以太極拳的法則營造的是我們最感親切的活動空間，如同我們的家。

這裏只有「和」，沒有「秘」。

神秘總是衍生距離，長期以來太極拳的神秘化，也導致了對它的許多歧解和偏見。太極拳的價值也長期地被「低估」，還遠沒達到它應有的水準。特別是在現代社會裏，太極拳更有它獨特的作用。

　　現代人身上有許多的「傷病」，有些是先天帶來的，有些是後天染上的。有的是生理上的，有的是心理上的。這些傷病阻礙我們更好地享受生命，發揮能量，創造價值。太極拳在許多方面，成爲解決這些傷病的有效方法之一。

　　太極拳能夠告訴我們自信，抱元守一，讓我們更加充實。太極拳能夠讓我們明確取捨，隨曲就伸，是一種順應趨勢的大智慧。太極拳讓我們懂得並善於運用力量，以柔克剛，上善若水。太極拳讓我們更加健康，內外兼修，形神兼備。

　　認識太極拳、瞭解太極拳、掌握太極拳是提高現代人生活品質的一種有效方法。因此向大家盡可能客觀地推介太極拳成爲本書的一個努力。

　　本書的目的在於：

　　一，還原一個眞實的太極拳。

　　二，展現一個簡易的太極拳。

　　三，揭示一個精深的太極拳。

　　四，剖析一個完整的太極拳。

　　歸結爲一條，就是介紹一個有效的、可操作的生命修養方法。太極拳並不神秘，它是每個人的健康摯友。

　　書中所配太極拳圖片絕大多數爲本人所拍攝，武術界、攝影界朋友還提供了一些精彩的圖片。感謝各位示範的太極拳名家高手的大力支持。他們才是眞正解開太極拳密碼的人。

余功保於北京

目　錄

一、生命體驗──太極拳是什麼？

認識太極拳是我們走進它、掌握它、運用它的第一步，也是十分關鍵的一步。對於太極拳，很多人的概念中，它只是一種慢悠悠的運動，其實，這還遠不是太極拳的全部。

太極拳是 21 世紀世界最為行的中國符號

太極拳是一種武術流派

首先，太極拳是一種武術流派。「武」是它的重要特性。

中國武術的起源很早，在戰國前就有很成熟的技擊

術。人類的發展史也是一部戰爭史，在古代，武術具有很大的實用性，受到戰爭因素的刺激，發展很快。中國武術就有很多與戰爭相結合的史料，比如岳飛、戚繼光等，以武術訓練士兵，在保家衛國中發揮效能。中國武術的最偉大之處在於，它本來作為一種搏擊術，卻逐漸發展成為強身健體的鍛鍊體系，太極拳是其中的傑出代表。

這裏面的一個重要原因是，中國武術深受中國文化的薰陶，從開始就不局限於「技」的層面。求本。什麼是本？內在體質的改善，人的精神狀態的改善。所以武術強調「武德雙修」，要通過習武達到人本的強壯、強大。所以「習武強身」，甚至「習武強種」的口號被大張旗鼓地喊出來。

中國武術的流派很多，各有特色。20世紀80年代，國家體委動員在全國範圍內對武術進行了大規模的挖掘整理，共理出有完整理論技術體系、有清晰源流的大的拳種100多個。還有大量散落在各地的具體拳法、器械套路。每種武術流派都有各自特點，在健身上也有不同的表現。比如少林拳講究拳禪如一、象形拳以模仿自然界動物的運動方式提高自身的素質；劍術比較輕靈，練習時身心怡和；刀術比較勇猛，氣勢如虹，練浩然之氣。

太極拳在武術中產生、形成的時間很晚，它在理論上更加系統，在技術上也比較多地吸收了眾多拳種的優秀之處，特別是在強身、強心方面，具有典型的架構。

太極拳在發展中還有一個重要的過程對它的發展產生了推動作用，就是在傳承中，為了更加適應普通老百姓練習，針對大眾人群進行了幾次改革，更加貼近社會。其中

太極拳是一種武術流派（示範：張升）

比較典型的是兩次，一次是20世紀的三四十年代，太極拳比較廣泛地向社會傳播，從原來的閉門練習、密不外傳向社會開放傳授。為了更有益於推廣，各太極拳流派都對原有的拳架、功夫做了一定的改革。一次是20世紀50年代，國家體委組織專家創編24式簡化太極拳。這是一次對太極拳運動發展產生重大影響的革命性事件。

　　當時國家體委組織有關專家，經過大量調研，在傳統楊式太極拳的基礎上，刪繁就簡，對動作進行重新組合編成。後來的幾十年中，24式簡化太極拳是廣大群眾練習太極拳入門的必修套路。也是目前練習人數最多的太極拳套路，因為它簡便易學，效果比較顯著。現在各種大型文體活動中，經常有集體太極拳表演，比如在天安門、長城、三亞海濱等進行的萬人太極拳演練，多數採用簡化太極

拳。雖然後來也有過幾次對太極拳的簡化性套路創編，但在影響上都沒有達到24式簡化太極拳那麼大。

不過有一個問題要特別注意，就是無論怎麼變，太極拳本身固有的特性不能丟。這個特性就是「武」，太極拳是一種武術，它的動作、練法、意識上，必須有強烈的技擊含義、攻防含義。這一點無論是編排、傳授還是練習太極拳都不能丟。沒有技擊意識，沒有「武」的特性，太極拳的韻味也就沒有了。它的一些效果也是基於「武」的基礎上的，只有保持這種特性它的效果才會更好，同時具有技擊意識，對人的神經系統的訓練也有積極效果。

太極拳是一種健身方法

我們現在很多人練習太極拳不是為了技擊，而是為了健身。當然，由推手等技擊方式的鍛鍊來體會太極拳的勁力那是另外一回事。

太極拳的鍛鍊效果是非常明顯的，太極拳的健身作用已經被大量的科學研究和成千上萬人的實踐所證明。從20世紀50年代開始，我國的體育運動專家、醫學家和其他很多領域的科學家都進行了許多關於太極拳健康的理論研究，取得了很多研究成果。

現在太極拳流傳到世界上一百多個國家，成為全世界的一種健身方法。其他國家的一些科研機構、高等院校等也開展了關於太極拳健身的研究，比如日本、美國等國家的機構，其論文還參加了在中國舉辦的太極拳健身論文交流。

在近幾十年的發展中，太極拳還特別吸收了很多現代體

太極拳是當今最受歡迎的健身運動

育的積極鍛鍊元素，我國的武術管理部門、體育院校、一些武術家積極開展太極拳作為健身方法的研究、推廣活動。在廣大城鄉，學太極、練太極成為大眾健身的優選辦法。據國家體育部門進行的調查表明，以太極拳作為健身方法在各種體育鍛鍊方式中佔據的人口比例始終排在前幾名位置。

　　太極拳的鍛鍊方式獨特，比較緩慢，這是它具有突出健身效果的一個「法寶」。有的外國朋友把它叫作「東方慢芭蕾」，這不一定完全準確，但很形象。

　　太極拳為什麼要慢練？慢練為什麼科學？這是因為由慢練把你的一些生命過程放大了、細化了，讓你能細細體驗，你可以發現自身的很多不足、問題。有時，你身體的某一部分有問題，平時沒有察覺，但一靜下心來、一慢練、一細細體察，就會發現不足，透過練習就是一個調

整。這種調整就是從整體上增強，從內在處增強。不是簡單地讓你的肌肉如何有力，而是讓你的內臟、讓你的生命功能更加強壯，讓生命狀態更加和諧。

太極拳是一種修養

練太極拳是一種很好的修養。

太極拳運動本身是講究文化感的。在肢體上來說，處處是弧形，充滿美感，讓你在練習中對人體結構的奇妙有著真實的感覺，心靈上的寧靜讓人擁有特別的充實感。對事物的認識、看法、把握的能力都有提高，讓人更加沉靜。沉靜帶來的效果是什麼？「靜中生慧」，生智慧，而不是小聰明。一個人如果整天心煩意亂，他就不可能對事情有個客觀的認識。

練太極體悟生命之妙
（示範：周夢華）

人提高修養的方式方法很多，讀書學習是很好的方法，與人交談是方法，參加運動鍛鍊也是很好的方法。許多運動都有鍛鍊修養的效果，運動的特性不一樣，對修養的鍛鍊也不一樣，因為人們需要各種修養。比如有些運動培養人的貴族氣質，有的運動培養冒險精神。太極拳運動則在培養輕靈沉著、順達和暢的良好心態方面有突出效能。

打太極拳能讓你靜下來。你很

煩躁的時候，打幾遍太極拳，特別是如果有條件，在空氣、風景比較好的地方練幾趟，很快就靜下來，排除煩惱。這種排除還不是暫時的忘卻，因為有生理的調整基礎，把你的氣、血經由練拳調順了。你靜下心來，可能對一個問題的看法更加客觀，更加周到。

同時太極拳中處處貫穿哲理，有處理問題的方法。練拳要琢磨拳理，每招每式都有一定的道理，有一種系統的觀點，用全面的觀點看待事物。

練習太極拳久了對人的性格是一種磨練。

太極拳是一種狀態

太極拳是一種文化，它裏面蘊涵著精神的要素。生活是一種經歷，在這個歷程中，有許多物質的體驗，也有許多精神上的體驗，練太極拳就是一種精神的體驗過程，非常豐富，有層次，有變化，是一種動態的文化感覺，這種感覺很奇妙。你可以由非常具體的動作，肢體的運轉，意念的活動，體驗到非常抽象的文化要素。在那種過程中，你對文化有了一種很「實」的把握，那種感覺使你對人、對自然、對社會、對各種關係，以及生存的狀態有了清晰的「和」的感受，使你感到生命狀態的清晰、真切、平和與完整，所以說太極拳是一種狀態。

這種狀態需要細細體驗。

太極拳有許多作用，可以技擊，陰陽交錯，攻守兼備；可以健身，強筋壯骨，養氣和血，和生命緊密相關。人的生命就是由一個個微觀的狀態組成了宏觀的壽命，人

和人之間，人和社會，人和環境之間，都組成了不同的狀態。狀態是由各種實體和相互之間的關係組成的，有健康的、不健康的，太極拳就是優化生命實體以及編織與生命相關的「和諧」的關係方法，所以研究、習練太極拳就是體驗一種生命的狀態。

這種狀態只有由一定的方法或角度，到了一定的程度你才能體驗。所以練太極拳也是一種多層次的享受。

「狀態」這個東西你體會不體會它都存在。每個人練太極拳都能自得其樂。「得其樂」就是融入狀態。練太極拳不存在「刻苦」問題，「一舉動，周身俱要輕靈」，輕靈是什麼？自然舒適的狀態。

很多人不是一開始就有這種狀態的。

無論做什麼事，開始是要立規矩的。太極拳也一樣。立規矩就是「自我束縛」，拿你目前還不適應的、不熟悉的原則來約束自己。這時候你肯定不能「自如」，但最終的目的是要解除束縛，走向更高水準、更高層次的自如，這就是我們練太極拳要達到的狀態。這種狀態是漸進的，逐步、有序、連貫地達到的。從一開始就必須有這種立意，「文無品不高」，拳無品也不會高，這個品就是你不能拘泥於一點一滴的技術、技巧，練太極拳應該有境界感，有大境界的感覺。

有的人說，我練太極拳只是想健身，沒有過多的考慮。

其實健身就是一種大境界。對於人而言，生存是首要的，健康是生命中、生活中的一件大事。解決健康的問題是需要大智慧的。很多人在各方面做得很好，但健康問題卻不能很好解決。太極拳在這方面思考了很多，也有許多有效的

解決辦法。它的核心是強調自我的有序與和諧，強調平衡的狀態。這種境界是需要「達到」的，不是簡單地「練」。

「練」和「達到」是有區別的。

練是微觀的東西，是很技術的，「達到」是微觀和宏觀結合的東西，有體悟的成分，有很文化的東西。如果在練太極拳時有一定的中國傳統文化的修養，就更容易達到太極拳的高境界。所以很多外國朋友開始學太極拳，逐漸地就對中國文化感興趣了，也更加深入感受中國文化的內在魅力了。

中國文化講「修養」。練太極拳是一種直接的修養方式，這種修養不是說現代社會就不需要了，意義不大了，相反，物質越發達，人的內在的「修養」就越需要加強。

中國文化的修養指什麼？不是指具體的知識，不是讀了多少篇古文之類的東西，是和中國優秀傳統文化的「親密接觸」，觸及深處的那種。

太極拳作為一種狀態不是一個抽象的東西，它必須經過練習，經過具體的技術來實現。技術是基石。如果把狀態比做一個平臺，技術則是構成平臺的建築材料。空想是一無所有的，太極拳的狀態是要理論和實踐相結合才能實現的生命體驗。

太極拳的一招一式都是精華所在，都是盛滿內涵的容器，要領不正確、拳勢不對，不可能達到良好的狀態。這不僅需要悟性，也需要「功夫」，需要時間。

我曾經聽太極拳前輩講，「太極拳越練心越虛」，心虛了，功夫長了，虛則能容，胸懷大了，人充實了。太極拳是紮紮實實練出來的。

21世紀興起的太極扇（示範：吳阿敏）

太極拳是一種娛樂過程

現代社會「娛樂為王」。

太極拳能不能娛樂？當然，它本身就是一種娛樂方式。充滿娛樂性就有更好的健身效果。20世紀初的太極拳，很傳統，練習的難度比較大，後來進行過幾次簡化性改革，推廣的範圍更大了。太極拳發展到現在，它的娛樂功能表現得已經很突出了。

太極拳經常是很多人一起練。從學習的時候起就是這樣，因為大家在一起練便於互相觀摩，互相糾正動作，共同提高。大家在一起練習，互相交流，這個過程就充滿娛樂性。比如每天去公園等太極拳練習場所成了生活中的一個環節。特別是休息日，集中練習的更多。心理學的研究

表明，有益的集體活動非常有助於培養健康的心理，是健康的娛樂方式。大家在交流中感受樂趣。現在許多大型活動經常有集體太極拳演練，說明集體性太極拳活動已經成為一種社會體育鍛鍊的景象。

太極拳的很多鍛鍊方式也帶有很大的娛樂性。比如太極推手，彼此感受勁力，感受動作的變化以及變化帶來的內在的感受，不斷有新奇產生，不斷有「更上層樓」的收穫。再比如近些年比較流行的太極扇，開合折疊，練起來很有中國韻味，有氣勢，有感覺。

在太極拳的發展中，也不斷結合時代特點，融入了一些娛樂元素。比如配樂練習，把中國傳統音樂，甚至一些現代感很強的音樂，包括西方的音樂，配合太極拳的練習，增強節奏感，增強練拳過程中從視覺、聽覺、感覺上帶來的綜合享受。這種愉悅是精神和肉體雙重的。

太極拳還有很強的表演性。陳式太極拳的剛柔相濟、快慢有致，楊式太極拳的行雲流水等，是很優美的形體舞蹈。具有很高的觀賞性。現在在一些國內外的主流大片中，經常引用太極拳的動作、神態製造特殊的視覺效果，成為娛樂大眾的藝術元素。

太極拳是一種時尚

這裏要澄清一下關於太極拳練習的幾個典型誤解。

一是有的人以為「太極拳只適合年齡大的人練」。其實太極拳是一種充滿活力的運動，它的外在表現形式雖然是慢練，但是它內在的精神氣質是積極進取、奮發向上

的，對體力的增強也很有成效。很多太極拳家都是從很小的時候開始學練太極，長期堅持下來。從世界範圍內來看，許多年輕人一旦練習了太極拳，很快就會喜歡上它。因為它完全符合年輕人的性格和要求。

再有一個誤解是「太極拳只適合體弱的人練」。太極拳由於有突出的健身、康復功效，所以體弱的人練習效果很好。但太極拳從功能上來說，要更加注意體質的增強，根據不同的體力狀況可以有不同的練法。有些動作對體力的要求還很高，體質好的人練可能達到的效果更明顯。所以太極拳並不只是一種簡單的體弱者或病人康復的手段。

太極拳的健身功能在於使人的身體由弱變強，使強者更強。年輕人透過太極拳訓練可以使精神旺盛，注意力提高，使體質增強，使靈活性增加。應該說，年輕人練習太極拳更能發揮出太極拳的功能優勢。

太極拳械已經成為當代人的一種運動時尚（示範：馬暢）

還有的人認為「太極拳適合風格保守的人練」。這更是由於不瞭解太極拳而產生的一種誤解。太極拳的健身理念、健身的科學原理都是很前沿的，它的風格也是符合社會發展的趨勢和潮流的。作為一種大眾喜歡的健身方法，它也在根據時代的特點，不斷吸收新的養料，

它的幾次推廣性的變革，都是太極拳走在時代健身時尚前沿的例子。最根本一點在於，太極拳所體現的平衡健身的思想符合客觀規律的健康理論和完備的實踐方法，是一切健康時尚的基礎。太極拳的時尚是一種融合長久和嶄新的時尚。

太極拳是一種生活方式

太極拳論中說：「拳者，權也。」就是知輕重、通緩急、成為規律性的一件東西。

開始練太極拳你可以把它作為一種追求健身的手段，時間長了，你甚至可以把它作為一種生活的方式。

過去社會結構簡單，人們的空餘時間多些，特別是一些職業拳家，每天都有大量的時間練習。對於一般人來說，我們不可能有許多時間來練，那怎麼辦？一是練的時候無論長短都要認真練習，養成一個良好的規範習慣。再有就是把太極拳的健康原則、健康元素融入到生活中去，讓太極拳的原則作為一種健康習慣固化下來，這樣太極拳就成了一種生活方式。

成為你生活中的一部分後，就是每天在不知不覺中、在自然狀態中獲得收益。這是練太極拳由自覺到自然的一個過程。這時候，太極拳帶給你的不僅是健身這一個層面的效果，它融入了人生當中。

太極拳的生活方式是一種放鬆的方式，就是隨時消除不必要的緊張，肌肉的緊張、心理的緊張，乃至一些社會元素造成的環境壓力與緊張。到那時候不是時時故意地調節，而是形成自動調節系統，緊張消除的全自動系統。把

放鬆的狀態和調節的過程由最自然的過程實現，這是練太極拳的一種高境界。

二、太極拳的和諧健康觀

健康是現代社會衡量生活品質的最重要指標之一。

現在大家都研究健康，從技術上來說，健康所涉及的因素很多，也很複雜，從不同的學科和角度來看待，有不同的說法。從中醫、西醫，從心理學、生物學，從治療的角度、預防的角度，都有各種觀點，有很細分、很專業的理論和技術。

作為我們大眾來說，關心自己的健康，要每個人都把握很專業的知識也是不可能的，但一些基本的原則，與我們健康密切相聯繫的基本的思路、方法應該掌握。原則的東西並不是很複雜的，是每個人都能理解，並且依照它能夠貫徹到日常實踐中去的。

中國的太極理論在健康上的一個核心觀點，也可以說是一個基本原則，就是「和諧」。和諧是健康的基本狀態，也就是你沒有達到和諧，就不能稱之為健康，一個健康的生命，一定是和諧的狀態。

和諧的思想首先是一個整體的思想，它是指一個系統的和諧，系統中有很多元素，有很多相應的關係，這些元素、關係之間要和平相處、默契相關才行。

只和平相處還不夠，各自不相「搭理」「井水不犯河

水」是一種比較低水準的共融，還要達到主動性的互補，這樣「生機」才能不斷湧現，就是和諧的關係。

作為整體思想來說，考慮一個對象是否健康，一定是從整個系統來考慮的，考慮單一的元素是不行的。比如說，要衡量一個人是否健康，不僅要看他的生理是否健康，還要看他的心理是否健康，看他的情緒是否健康。

看一個人生活是否健康，除了看他的身體各方面是否健康外，還應該看他辦事情的方式、方法是不是健康，他的生活習慣是不是很健康，否則我們就很難說他是一個生活很健康的人。

和諧的健康觀還是一個動態的思想。就是在一個和諧的健康狀態中，不僅要考察現在呈現的各種元素的「面貌」，還要看影響這些面貌的一些正在變化著的因素，有些是直接的，有些是間接的。比如一個人的生活習慣就對他的生理、心理的健康狀態產生作用。

因此，和諧是一種開放式的健康觀。

怎麼樣才算是和諧健康？

中國的太極健康觀認為至少要在以下幾個方面實現和諧：

1. 人與自然的和諧

人生活在宇宙之中，就是處於自然中，生命的產生也是宇宙發展的一個自然過程。人的健康與自然密切相關，受到自然環境的種種影響。比如空氣、四季的變化等。科學研究表明，一些天體、地球上的變化現象對人體的生命元素，甚至對人的心理都產生一定的影響。人們的種種社

會活動也受到自然的影響。所以適應自然、與自然保持高度的協調是我們生存的一個原則，這方面我們也走過一些彎路。現在有些彎路的代價還在付出。

中國古代提出的「天人合一」的思想就是人與自然和諧的一個典型體現。天人合一怎麼合？不是形式上的，不是短期的。是要合乎自然運行的規律，這首先就要研究規律，所以人的健康水準也是和時代的科學水準相關聯的。有些現象規律我們過去沒有認識到，現在懂了，就可以提高利用大自然的水準，為我們的健康服務。

從這一點上說，每個人的健康水準和整個社會的健康水準相聯繫。這是一種大的健康觀。

2. 人與社會的和諧

人不是生活在荒島上，不是生活在真空中。有一部電影，講一個人因為空難被遺失在一個荒島上很長一段時間，後來回到正常社會後，身心上的創傷多年不能恢復。這是根據真人真事改編，也是有科學道理的。

社會環境塑造人，也塑造人的健康品質。

每個人都是社會的一分子，社會是一個大系統，你處於各個系統中，個體與社會之間就有關於健康的相關影響。所以每個人都應該善於從社會上汲取健康的養料，同時也為整個社會的更加健康貢獻力量。如果你與所處的社會格格不入，你不可能有一個健康的心態，也沒有健康的生存條件。要達到與社會的和諧，你的行為規範應該符合社會的健康標準，社會是一部大的機器，你與之和諧，就能不斷從中獲得「能量」，否則，你就會感覺到「阻

練太極拳　實現生命和諧

力」，就會對你的健康產生「麻煩」。

3. 人與人之間的和諧

社會由人組成。每個人每天都要和別人打交道。在家要和家人、親戚相處，在單位要和同事相處。學會和人的和諧相處對我們尤其重要。人和人之間有許多顯性的、隱性的影響因素，有的短暫、爆發，有的長期、綿綿不絕。比如情緒的影響就很明顯，有健康情緒的影響，如關心、祝賀、體貼，幫助、喜悅等，也有不健康情緒的影響，如憤怒、嫉妒、排斥、中傷等。

人與人之間產生和諧的重要辦法就是加強自身素質修養，培養豁達的胸懷。你的心胸有多大，世界就有多大。

4. 形與神的和諧

中國的太極理論講究形神統一，形神並練。形就是形體，是看得見、摸得著的外形，肢體、骨骼、血液等；神是指生命的一些功能、意識、氣脈等，傳統理論上有時也

稱之為「心」。太極理論認為形、神是組成生命的兩個大類，要健康必須使這兩方面都要保持高水準的狀態，並且彼此之間要完整和諧。

所以你只是「形」很強壯，肢體很發達，而內臟、意志、神經很虛弱，就不行，就不叫健康。並且時間長了，就會嚴重影響你「形」的強壯，「形」也會逐漸衰弱下去。所以一個身體外形很壯的人，如果遇到一件事想不開，久久不能自拔，身體也會很快垮下去。同樣，如果你只是「神」很足，身體的形弱，也缺乏健康基礎，時間一久，產生「形疲心竭」的狀態，健康就會惡化。

這裏的形、神與現代科學所講的心理、生理相類似。這一思想貫穿在中國古代的健身術中，比如道家提倡「性命雙修」也是這個道理。佛家講「魔由心生」，什麼是「魔」，就是影響你健康的因素，心神受損，身體健康就受損。

5. 身體各部分之間的和諧

這一點與現代醫學的系統理論是完全吻合的。

人體由很多組織、系統所構成，每個組成部分之間獨立承擔一些功能。同時各部分之間有呼應、連帶關係。這些系統之間要共同進步，共同發展，不能有此強彼弱的現象。人體不是一個簡單的機械組合，如果那樣就能很輕易地大量複製人了。人體各部分之間的關係很奇妙，和諧能夠使各系統的功能發揮到優化的極大，比如以最小的能量損耗，達到生命狀態的最優化運轉等。

最理想的狀態實際上是不可能完全存在的，就像一個完全沒有一點病的人是不存在的一樣。但各部分之間的和諧

程度相對每個具體的個體來說能讓生命的優化程度達到最高。所以鍛鍊各部分、各系統之間的和諧關係是太極理論的一個重要指導要領。

三、以平衡的方法達到和諧的狀態

和諧是動態的概念。

組成系統的各種因素始終處於變化、調整當中。

企圖採用「突擊」的辦法，讓人體達到健康的和諧水準之後一勞永逸的觀念是錯誤的，是不可能實現的。

所以健康是一個長久的工程。生命有多長，健康的工作就要做多久。

如何達到和諧？就是用平衡的方法。

太極理論實際上就是陰陽平衡理論。這是中國古人對生命、對健康最偉大的貢獻之一。

陰陽元素是太極理論宇宙運動規律的宏觀概括。中國古人經由長時間觀察、研究，並結合自身的大量實踐，對自然界事物屬性進行了歸納。古人發現，自然界本身存在著優美的對稱性，在任何事物中都包含著相互對立的兩個方面。如四季有冬、有夏，運動有動、有靜，位置有上、有下，生命有生、有死等。於是把萬物分為兩大類：「陰」與「陽」。「陰陽者，天地之道也，萬物之綱紀，變化之父母，生殺之本始」。就是把世界上的一切事物都看做是陰陽的複合體，「萬物負陰抱陽，沖氣以為和」。

　　產生於殷周時期的《易經》是最早的對陰陽理論進行全面闡述的著作。它對於中國的哲學和養生學的影響是十分深遠的。《易經》中把陰陽的概念加以系統運用，用陰陽來解釋世界的構成，勾畫出一個以陰陽為基本元素的世界圖示：「易有太極，是生兩儀，兩儀生四象，四象生八卦」，兩儀就是陰陽。以陰陽構成卦象，以卦說理，把陰陽更加細化，更加定量一些，揭示事物運動的起始、發展、興衰、消亡狀態，以及各種因素、各個環節的辯證關係。

　　成書於戰國時期的醫學典籍《黃帝內經》總結、發展了先秦以來的陰陽學說，具體應用到對生命現象的研究，以陰陽理論分析人體的疾病與健康，打下了中醫學、中國傳統養生術的基礎。

　　萬物都由陰陽組成，對於人體以及與人體相關聯的各種因素也都可分為陰陽兩種屬性。那麼，要達到人體系統的和諧健康，就是要實現人體陰陽的平衡。這是太極健康理論基本的思路。

　　陰陽究竟是什麼？

　　它不是簡單的專指某一種或幾種事物，也不是指人體的具體系統、組成部分、某一種功能的固有屬性，而是具有高度的靈活性和相對性的，它是對事物在一

太極拳練習中講究內外平衡和諧（示範：喬松茂）

定範圍內、一定條件下相對屬性的界定，具有廣泛的意義。但它也不是虛無的，而是普遍的存在。

簡單地說，凡屬積極的、活躍的、向上的、表面的、劇烈的為陽；凡屬緩慢的、安靜的、在下的、內在的、平穩的為陰。

自然界萬物都可以依照陰陽來分類：天為陽，地為陰；火為陽，水為陰等等。依據這一理論，把人體也依照陰陽屬性進行了劃分。「人生有形，不離陰陽」，如男性屬陽，女性屬陰；體外屬陽，體內屬陰；上體為陽，下肢為陰；背面為陽，腹面為陰；四肢為陽，軀幹為陰；六腑為陽，五臟為陰；津為陽，液為陰……各種生命活動現象均可歸於陰陽之中。

實現陰陽的平衡，就是遵照陰陽的運動規律，對陰陽元素進行調節，使生命系統和諧運轉。

陰陽的運動規律簡單來說主要有以下幾個方面：

1. 陰陽雙方互相依存，互為其根。它們各自以對方的存在為自己存在的先決條件。如果失去了對立面，自身也就不復存在了。「陰在內，陽之守也，陽在外，陰之使也」。二者共處一體，同時依據對方才能生長、發展。

2. 陰陽雙方在一定條件下可以互相轉化。陰陽是相對的，在某個系統中屬陰的事物，在另一個系統中可能屬陽。陽可以轉化為陰，陰也可以轉化為陽。因此陰陽之間具有統一性。

3. 陰陽雙方相互制約。當一方太足或太過，就會使整個系統失去平衡。對於人體來說，就會產生疾病。所謂「陰勝則陽病，陽勝則陰病」。陰陽的這種制約關係，是

維護系統平衡的內在因素。

4.陰陽雙方不斷地相互消長。陰陽總是在圍繞其平衡位置進行波動，相互消長。陰長時陽落，陽長時陰落。比如說一天當中，從夜裏子時陽生開始，進行一天的循環消長；人出生到死亡，進行著一生的陰陽消長等等。

實現人體的健康就要鍛鍊、調整人體的陰陽結構，把陰陽的平衡思想貫穿在鍛鍊之中，甚至貫穿在日常生活的規範之中，所謂「謹查陰陽所在而調之，以平為期」。陰陽學說本質上就是一種平衡的模式。「陰平陽秘，精神乃治，陰陽離決，精氣乃絕」。這種平衡當然也是一種動態的平衡，也可以在不斷調整中得到更高層次上的平衡。

動態的概念就是以發展的眼光看待健康，首先在沒有病時，進行增強性調整，預防性調整。在身體出現問題時並非簡單地進行局部調整，而是進行整體性調整，不是鍛鍊哪個方面，是對人體整個系統的全面鍛鍊。另外一個含義就是結合多種手段和方法進行。

完全沒有任何病的人是不存在的，我們總是在某個時間段，在人體的某個方面，或精神、情緒的某個方面產生問題，程度有淺有深，範圍有大有小，性質也不同，有良性的問題，也有比較「惡劣」的問題，所以平衡的「任務」是長期性的任務。

要實現健康，就是要由平衡的方法，使我們的生命狀態達到「和諧」。

太極拳就是以平衡為運動原則來實現和諧的一種優秀方法。

平衡的思想體現在太極拳運動的始終。在太極拳運動

中，陰陽理論是它的靈魂。拳的名稱以「太極」來稱呼就是突出這種特性。太極拳的理論中講：「太極者，無極而生，陰陽之母也。動之則分，靜之則合。」也就是說，只要你一動，陰陽就出現了。在每個動作中，身體的各個部分、各種狀態都有陰陽屬性，都符合陰陽運動規律，所以打太極拳的過程就是調整人體陰陽的過程，只要你練習的基本要領對，天天堅持練拳，天天都在調整陰陽平衡。有關這方面的要領和知識，在後面要具體講。

和諧是太極拳追求的境界。在練拳時，包括平時，太極拳狀態就是要保持一種心靜的狀態，一種平和的狀態。它使情緒很穩定，使精神和形體高度和諧。經由長期鍛鍊，使肢體各部分協調，使形體與內臟、與氣血之間和諧，使各種生命功能之間和諧。在意念上達到「一塵不染」，在身體上達到「一舉動周身俱要輕靈」。進入這種和諧狀態時，外界不利因素對自身的損害達到最小，自己的生命系統建立起良性回饋機制。比如放鬆機制，能夠隨時讓形體放鬆，讓精神放鬆，緩解不必要的壓力。

需要說明的是，太極拳的這種放鬆、和諧的境界不是消極的，相反，它是一種更加科學、更加積極的態度，所以太極拳是一種充滿進取精神的運動。

四、太極拳是如何起源發展的？

關於太極拳的起源，目前學術界很多人都在研究，也

馬王堆導引圖

存在一些爭論。

應該說，太極拳作為中國武術中比較晚形成的一個流派，它借鑒了許多其他武術流派的理論和技術精華。所以從太極拳身上看到很多其他武術拳種的痕跡也是正常的。

太極拳的理論基礎是中國傳統文化中的陰陽思想，而這種陰陽思想在古代很早以前就已經發展得很系統，比如《黃帝內經》是早期最為系統地將陰陽思想與人體健康相結合的著作，被中醫奉為經典。在《周易》中，對於陰陽、八卦的理論學說闡述得很透徹，我們在後來的太極拳理論中，不難發現，處處都有對這些早期哲學、醫學著作的借鑒、衍化使用。

所以說，太極拳的相關理論在很早以前的古代就已經有了。

從技術上來說，也不難在古代的導引術、養生術和武術中看到太極拳後來的影子。一個突出的例子就是馬王堆導引圖。這是1973年在長沙馬王堆出土的文物，在一個帛片上生動記載了當時人們運動肢體鍛鍊的動作，栩栩如生。比較精妙的是，由復原後的導引圖使我們驚奇地發現，其中很多動作和現代的太極拳動作相似，這種相似不僅有形似，更有神

似的成分。太極拳也的確有導引養生的作用。

但到現在為止，並沒有發現明代以前有完整、成型的太極拳套路或清晰的、直接的太極拳技術理論論述，也沒有十分明確的太極拳概念。雖然從文獻上偶爾也能看到相近的辭彙，但那不是作為一個明確系統的概念出現，而是另有他義。當然，對這一點也有學者有不同意見。因此，從比較嚴謹的角度來看，我們可以說，在古代很久以前，在戰國以前，作為後來太極拳理論體系的基礎理論已經形成，很多與太極拳相關的技術元素也在不斷衍生。

到了明末清初，完整的太極拳概念，它的理論、技術架構開始出現了。

現在在國內外廣泛流行的幾個重要的太極拳流派都是從那時起逐漸衍化、發展起來的。

太極拳的理論技術體系的完整形成是在明末清初時期。在清代，太極拳出現第一次發展的高峰時期，這一時期的重要成果是幾大主要太極拳流派的開始出現。

一些太極拳家以深厚的武術素養和服務於社會的責任感，以及變革的巨大勇氣，對太極拳推陳出新，在陳式太極拳的基礎上，相繼誕生了楊式、武式、吳式、孫式太極拳。為後來太極拳的發展與繁榮奠定了堅實基礎。

20世紀的上半個世紀，太極拳開始由局部地區、由家族廣泛走向社會。1928年成立的中央國術館對推進包括太極拳在內的武術發揮了重要作用。國術館內開設有專門的太極拳課程，並且邀請了孫祿堂等太極拳名家進行授課。幾十年間，在一些著名太極拳家的主持下，全國各地陸續成立了一些太極研究機構和民間推廣、交流機構，對培養

太極拳人才、推廣太極拳發揮了長遠的作用，有些至今仍然掛牌運作，影響遍及海內外。如上海成立的致柔拳社、武當太極拳社、匯川太極拳社、鑒泉太極拳社，北京成立的永年太極拳社等，都是較有名的太極拳機構。

在這一時期，太極拳的研究工作也得到開展，一些有識之士積極宣導太極拳的學術化、科學化。其中比較有代表性的如史學家唐豪、徐哲東等，他們對太極拳的歷史投入大量精力進行研究論證。

新中國成立後，太極拳得到空前的發展。太極拳真正成為了為大眾服務的運動健身方法，並且大規模走向世界，使中華民族優秀文化為全世界所共用，其中的具體歷程可以寫一部當代太極拳發展史，這裏對其中具有重要意義的幾方面事作一個簡單介紹。

黨和政府對太極拳運動高度重視。毛澤東主席就專門提倡打太極拳，指出太極拳運動能健身。周總理多次觀看太極拳的表演，一些老一輩革命家如鄧穎超、徐向前等都親身實踐，證明太極拳具有良好的健身功能。鄧小平同志還親筆題寫了「太極拳好」，予以推介。這些都對太極拳運動的發展產生了巨大推動作用。

鄧小平題寫「太極拳好」

　　政府部門積極運作。體育部門、武術管理機構都採取了一系列有力措施進行推廣。民間太極拳家、太極拳機構也做了大量工作進行推廣。

　　太極拳在大型活動中的首次亮相是在1953年11月的全國民族形式體育大會上，包括太極拳在內的武術成為這次大會的主要內容。在這次大會上，當時擔任國家體委主任的賀龍同志對武術發表了重要講話，提出要對傳統武術進行發掘、整理，發揚光大，這一意見對太極拳後來的發展具有戰略性指導意義。

　　20世紀50年代一件對太極拳發展具有重大價值的事件就是24式簡化太極拳的創編。當時國家體委運動司武術科組織多位太極拳專家，經過調研、討論，在傳統楊式太極拳的基礎上，選取24個動作，進行科學編排，創立24式太極拳。這是太極拳適應時代發展的一個重大舉措。

　　當時實際上也是頂著很大的壓力的，比如有的保守人士就認為這是糟蹋了老祖宗的東西、「變了味」等等。也許當時很多人並沒有意識到這一事件對太極拳發展帶來的影響，24式問世的重要意義在其後的太極拳發展中越來越顯現出來。據保守估計，24式推出後，已有100多個國家的十幾億人習練過。

　　80年代初，有幾件事對太極拳發展來說具有特殊意義。一是1982年中國高校第一個武術協會北京大學武術協會成立，其中專門設立了太極拳分會，這是我國高校中第一個太極拳組織，此後，全國100多所高校相繼成立了太極拳組織，培養了一批批高校的太極拳愛好者，促進了太極拳的科學化和世界化發展。

　　另一件就是80年代開展的武術挖掘整理活動，該活動歷時三年，對太極拳資源是一次全面整合，獲得了一大批寶貴的太極拳資料，發現了一批優秀的太極拳人才。

　　第三件就是1984年在湖北武漢舉行了首次國際性太極拳邀請賽，這次比賽共有18個國家和地區參加，中國和世界上一些頂級太極拳家到場，開啟了以後國際性太極拳活動的前奏。

　　第四件是1988年舉行了首屆中日太極拳交流大會，當今世界太極拳運動，除中國外，日本開展得最為普及。1988年4月，日本太極拳聯盟組織百名太極拳愛好者來北京參加中日太極拳比賽交流，比賽之餘參觀遊覽中國風景名勝。

　　此後，這項活動成為一項傳統的交流內容和形式，對促進中日文化體育交流、擴大太極拳的國際影響發揮了積極作用。在80年代裏，在多方面的共同努力下，太極拳作

1984年武漢舉行首次國際太極拳邀請賽，眾多太極拳名家出席

為競賽項目，陸續以多種形式進入到了各種大型運動會中，進行全方位展現。國家體委也採取了特殊的扶持政策。一些國際性武術組織的成立，大型國際性武術活動的不斷開展，處處都給太極拳提供了表演、推廣的舞臺。

90年代以後，太極拳發展更是高潮迭起，特別是國際化推廣，取得飛躍性進步。1990年亞運會開幕式上，中日兩國太極拳愛好者1500人共同上演大型太極拳演練節目，通過全球電視轉播，令世界矚目。此後太極拳集體演練成為一道獨特的文化體育景觀。其中最為轟動的是1998年10月的天安門廣場萬人太極拳演練和2001年3月海南三亞首屆世界太極拳健康大會上的海濱世界萬人太極拳演練活動。這種與著名文化景觀和大自然景觀相結合的活動，吸引了來自世界各國的廣泛參與者，體現了太極拳的文化內涵和天人合一的境界，透過現代化的宣傳手段傳遍全球，讓全世界更多人瞭解、認識太極拳。2000年7月，國際武術聯合

每年5月，世界各地都在開展太極拳健康月活動

會執委會正式通過決議，確定每年5月為世界太極拳月。

如今，太極拳已經成為具有廣泛影響和吸引人廣泛參與的世界性的健身運動。就其參與人數之多和影響之大來說，有國際文化專家稱之為「世界第一健身品牌」。

五、練太極拳爲什麼要學套路？如何學好套路？

套路是太極拳最基本的表現形式。把一個個單一的動作透過一定的組合編排連接起來，就形成了套路。套路是中國武術的一個特點。

首先，學習套路可以增強我們學習太極拳的趣味性。太極拳有很多豐富多彩的動作，每個動作都有獨特的變化方法，方位、勁力、意念都有所不同，套路的學習就是一種對人體生命的奇妙感受。

其次，學習套路便於記憶。可以有助於我們記憶太極拳動作。套路使得每個動作鏈結起來，就有了一種整體感。

第三，在學習套路過程中可以使我們對太極拳要領有更準確的把握。太極拳的一些要領是在式子與式子之間轉換時體現的，如連綿不斷、用意不用力等，只有在運動中，在式子的起承轉合中才能鮮明地體會到。

另外，演練套路有助於我們領略太極拳的魅力。一個優秀的太極拳套路就是一件優秀的藝術作品，太極拳的剛柔、優美、文化、科學都蘊涵在一個完整的套路之中。

太極拳的套路有幾個特點要注意，一是一定有明顯的

起勢、收勢。為什麼？因為太極拳練習時很穩，起勢和收勢很重要，馬虎不得。沒有完整的起勢和收勢就不是完整的太極拳套路。這點在練習時也要注意。另一個是太極拳套路，特別是一些傳統的套路，或編排比較好的現代推廣套路，它的動作與動作之間的銜接不是隨隨便便的，不是任何動作隨便依照一個順序一連就是套路了。

套路有連接的規律，因為每個動作練習的側重點，它的勁力的變化方式、體型、身形的變化都有規律，連接得不好，效果就不好，就很亂。所以，學套路還要注意領會套路內在的聯繫規律。

怎麼樣才算練好了太極拳的套路？對於不同要求，標準不一樣。對於健身要求來說，首先要準確，要符合動作規格；其次要流暢，磕磕巴巴肯定不行，所謂如「行雲流水」；第三要有韻味，有太極拳的味道，讓人一看就是「剛柔相濟」「虛實相生」。做到這幾點，算基本達到要求。要練好套路，有幾條經驗可借鑒，一是熟記要領，爛熟於胸，熟能生巧。二是仔細觀摩，不管是看錄影，還是

練套路是學習太極拳的主要形式

看老師示範，都要用心去琢磨。三是反覆多練，但不能隨便地練，你不負責任地隨隨便便練上十遍，不如認認真真地練上三遍。四是交流，看別的同伴練拳，看他有什麼錯誤，你如何避免，也讓他看你練拳，請他給你提提意見，「以人為鏡」，提高得快，還增加了交流，增添了樂趣。

六、太極拳的主要器械有哪些？

　　器械是太極拳的重要練習內容，是練拳的有機補充。

　　太極拳的器械被認為是練拳到一定程度後可選擇練習的方式。既可增加趣味，又可更加深入、仔細地體驗太極勁力。

　　太極拳器械分長、短兩類。短器械主要是劍、刀等，長器械有大杆等。

　　各太極流派都有自己的太極劍、太極刀套路，基本劍法、刀法也比較一致，在編排和勁力特點上有所區別。

　　中國武術中劍法本身就比較輕靈、飄逸，它的主體風格正深合了太極拳的要領精髓，所以太極劍是器械中最能充分體現太極拳特徵的器械。太極劍法柔和中蘊涵勁力，神意內斂，秀於外而慧於中。太極劍套路流暢自然，身法優美，最大限度地發揮了中國劍術的優勢和長處。是當今習練人數最多的武術器械。

　　太極刀架勢比較開展，內勁的展現更為渾厚充沛，柔中帶剛，既有太極的含蓄，又有刀法的猛烈，是極具特點

太極劍（示範：邱慧芳）

的一種太極器械。由於武術中刀法比較偏剛一路，如能練好太極刀，對於理解以柔克剛極有幫助。

太極刀（示範：張全亮）

近幾年來，太極扇作為一種太極拳的短器械迅速流傳，習練者日益增多。太極扇是在太極拳的基礎上，運用太極拳的基本技法，結合扇子的特點編定而成。太極扇是一種新興的項目，推廣很快，融合健身性和趣味性。它具有以意導扇、扇身合一、扇走美勢、圓轉旋翻等運動特點。長期練習具有益腦增智、暢經活血、陶情冶志的效果。現在流傳的太極扇也有很多種，如楊式太極扇、太極功夫扇等。

太極刀（示範：田秋信）

大杆在傳統的太極拳訓練中應

太極扇

用比較多。現在由於受器材、場地等因素的限制，沒有在社會上普及得很廣，但在一些拳場、武術館、民間武術家的傳拳授徒中還經常使用。

太極大杆比較長，是練習太極拳勁力的輔助性器械。有的拳家也稱之為「桿杆」。有單人練習法和雙人練習法。太極大杆的主要運杆方法有開、合、崩、劈、點、桿、撥、撩、纏、帶、滑、截等內勁法。練習時要求以周身之力運含於一杆之中。開可發於外，合能收於內，可有效增長太極功夫。

傳統太極拳是一個完整的理論技術體系，器械在其中佔有重要的位置和比例。一般認為，器械是拳術的深化，身體上的一些感受、要領，要由器械再呈現出來，運用出來，是一個再創造的過程，所以，它不簡單地等同於把拳

術中的技術「移植」過來，因此練器械的難度也比拳術要大。在傳統的觀念中，把器械看做是練好拳術後的一種提高性練習。先要練好拳，再練器械。

　　從普及性健身角度看，可以把器械練習作為一種輔助

太極大杆（示範：李雅軒）

太極大杆（示範：翁福麒）　　　　太極球（示範：史曉明）

手段來進行，有利於提高興趣，擴大選擇的範圍，只要有條件，都可以練一下，現在可供練習的太極拳器械套路很多，如太極劍、太極刀、太極球、太極扇等。

七、什麼是太極推手和散手？

太極推手是太極拳的對練形式。在傳統太極拳訓練中被認為是必須重點培訓的。推手能夠將太極拳套路中學習的勁力在實際對抗中加以運用。可以更有效地加強、加深對太極拳技擊原理的認識、體會。在現代太極拳的體系中，推手也為很多人所喜歡，國家武術主管部門編創有推手練習套路，在民間各種武術比賽中，經常有太極推手的表演和比賽。

太極推手的練習方式是以二人為主，徒手進行。又有單推手——兩人各以一側手臂相搭、雙推手——推手雙方各以雙臂相搭、定步推手——推手過程中兩腳不能移動、活步推手——推手過程中腳步可以移動等形式。

推手過程中，推手雙方手臂相接，圓轉運行，配合以身、步的進、退，運用太極拳勁力的基本方法調動對方，使之失機、失勢，重心不穩，勁力不暢，進而將其擊倒或發出。太極推手中的對抗應遵循太極拳的基本原則，尚意不尚力，尚巧不尚拙，以柔克剛，引進落空，「四兩撥千斤」。在進行推手練習時應不丟不頂，反對以蠻力相抗衡，以免造成通常所說的「頂牛」現象。

太極推手（示範：李樹峻　梅墨生）

　　實踐證明，太極推手是練習太極拳一項十分必要的輔助手段，能使練習者具體領略太極拳力學結構的魅力。通過推手增強體質的效果也十分明顯。

　　太極散手，也稱「太極打手」，是太極拳不受任何形式限制的綜合技擊方法。運用太極拳的招法、勁力及戰術、原則於實戰中，或接手，或斷手，靈活應對，進行隨意性交手。

　　這是太極拳練習到較高水準時的操作，開始時還要在老師的正確指導下進行，避免出現危險。

　　太極拳推手的目的是由對抗的形式，更清晰地體驗太極拳的勁的特點和勁力的變化，這種體驗在練拳時也可以進行，但推手中更直接一些，另外推手還增加了交流和趣

味。所以，有條件的，在老師的指導下，適當進行一些推手的訓練還是有益的。沒有條件一個人進行練習的，就要多注意自我總結，行拳時也要有對敵意識，這是武術的特徵。

八、什麼是太極拳的「三調」，如何練習？

太極拳的要領很多，從健身角度看，主要可以歸結為「三調」，就是「調形」，也叫「調身」；「調心」，有時也稱為「調神」；「調息」。太極拳就是透過這些調整，把人體的健康狀態調整到比較好的水準。太極拳之所以能夠健身，也是因為它的調整方法符合中國傳統醫學的原理，也符合現代醫學、科學的健康原理。

調形——解除你的身體緊張點

調形就是調節太極拳的動作、身體姿勢、運動形態等。首先要明確每個動作的定位和正確的變化，在每一個變化中的身體的空間位置等。對每一動作身體從上到下每個部位的要領要熟悉，在行拳中加以對照調節。

調形是調整身體外形、形態、有形的元素。這個形是人體的生理基礎。我們的身體產生疾患，很多時候是因為形出現問題引起的，除了「外傷」，「內傷」也是形經常有的「病態」。「緊張點」的產生是形最大、最經常的

「病態」。

我們身體裏產生緊張點的原因很多，有不良的生活習慣造成的，也有外界的機械壓力造成的，還有心理緊張也能造成形體的緊張。太極拳的鍛鍊，在一定的規範下運動，這些規範都極大地緩解了身體的緊張點，解除緊張點就消除了疾病的隱患。打太極拳的套路，練習動作，就是調形的過程。

練太極拳要宏大端正
（示範：王二平）

太極拳的調形，就是使調節身體的陰陽，不僅要解除現有的緊張，還要建立起以後不要緊張，隨時釋放緊張的一個生理的機制。這就要嚴格依照要領來做，讓要領成為自然。

太極拳在調形上有幾個重要的方面要特別注意，即端正、圓轉、鬆沉、穩固、柔和。

端正首先是身體中軸要正。太極拳要領中有「虛領頂勁」，頭頂要微微上領，這樣一下身體就正起來了，把全身的神就提起來了。下頜內收，含胸拔背，脊椎安舒挺直，身體的各個部分也都正了，正了才能各歸其位。身體傾斜是練不好太極拳的。所以久練太極，身體自然有一股正氣。

圓轉是整個身體完整一氣，練太極拳是整個身體的各個部分得到協調發展。動作處處有弧形，這是一種科學運

力的方法，也符合人體的生理結構的全面鍛鍊，一動無有不動，能使骨骼和肌肉有節奏、有規律的運動，不斷地伸展、收合，使全身的各個肌群、關節和血管得到舒展運動，使韌帶組織得到鍛鍊和加強，並且在圓轉弧形旋轉式運動時，在內使氣如車輪，內外很充實。

鬆和沉是相連帶的。練太極拳時要求全身放鬆，四肢放鬆，內臟也放鬆，以鬆的感覺沉下去，這就是很自然的狀態。在完全放鬆的情況下，身體的各關節、肌肉進行運動，感覺阻力就很小，逐漸會消除緊張點。身體的緊張就會造成精神的緊張，把身體的緊張點消除了，也解除增加精神負擔的一個「病源」。

穩固就是運動中要穩定，增強身體的平衡能力，平衡力強對大腦也有良好作用。練太極拳時每個動作要穩，不能東搖西晃，否則氣就散亂了。太極拳套路都會有一些專門練平衡的動作，如金雞獨立、左右分腳等。柔和就能順暢，身體的動態儘量避免死角，減少損傷。在內能使血流通暢。太極拳十分重視下盤的功夫，有很多步型的變化，都講究虛實轉換，使我們在練套路時進退邁步輕靈快捷，如行雲流水，全身渾然一體，又節節鬆開。這種有節奏、穩定靈活的運動，正合乎人體陰陽的

太極拳勢分腳(示範：邱慧芳)

相對統一，臟腑氣化有序的健康生理要求。

柔和就是讓肌肉放鬆著動，柔和加上緩慢的肌肉運動，不會造成疲勞，不會造成緊張堆積，慢慢地舒展筋骨，舒展得很開，不淤血，不淤氣，還增強耐力，柔能克剛。太極拳論中說「百煉鋼化為繞指柔」，動作緩慢，加速血液循環，實現「外練筋骨皮，內練一口氣」。

調形是太極拳的基礎，動作要做準、做對，這樣才能起到很好的調形的作用。太極拳調形、調身的妙處在於，使身體處於最有利於健康又合乎運動規律的狀態下進行活動。

人體的各種運動，是由運動神經所支配，從大腦前回的運動中樞發出衝動，通過椎體系和椎體外系以及周圍神經纖維直達全身各個部分。平日，我們每一個站立或動作，都有運動神經指揮著有關部分的每一股肌肉，或張或弛地協同動作，以維持身體的平衡和動作的協調性。不過，局部的活動，主要只是該局部的運動神經在工作。太極拳運動，它的範圍遍及指趾、手足、胸腰、頭頸、耳目、口鼻，這種全身性的柔圓舒展的活動，是以腰椎為樞，帶動全身肌肉骨骼的運動，這樣也就帶動神經、心血管以及相關臟腑系統也處於興奮與抑制、舒張與收縮協調有序的活動中，使人生機旺盛，功能活躍。所以太極拳調形的意義不僅在於對形體的調整，對健康有全面的意義。

調心——綠色心態環境

練習太極拳中的「調心」就是調整意念，透過心理活

動、意識活動的調節，進入練拳的狀態，進入拳路進行的情景之中，消除雜念，使意念和動作相合一。

中國醫學認為，身、心是一體的，它們的健康狀態是互相影響的。當今社會的健康標準也認為，心理不健康就不是一個健康的現代人，生活品質受到很大影響。生活品質首先應該是健康品質。

在現代社會中我們承受著太多的心理壓力，這是我們健康的一大障礙。在城市裏，腦力勞動者很多，特別是一些知識份子、商業人士，動腦子多，大腦皮質長時間在興奮狀態，有一種慣性的興奮，腦神經的抑制過程減弱，容易患上失眠症等，腦力容易疲勞，一疲勞，就會有一定程度的混亂，經常煩躁，發脾氣等，時間長了，就會得神經衰弱症等疾病。怎麼辦？就要調整。太極拳注重調心是其健康的一大原理。

練太極拳時的調心，就是調節大腦皮質功能，建立起新的興奮、抑制轉化過程，把原有的不健康的情緒、心態消除，恢復因受到不健康因素干擾而受損的心智。

怎麼調呢？關鍵是三個字：靜、平、鬆。

心緒要靜，

心態要平，

心情要鬆。

練拳時要靜。在練之前，就要入靜，進入一個沒有雜念的世界。練拳時要把全部精神放在拳架上，這就是靜，排除了干擾信號，一心一意地練拳。靜中生慧，就是說在靜的狀態下，對很多事物的看法會更清楚，對健康的體察也更仔細、更明白。練太極拳有鎮靜作用，你心緒煩躁的

時候練一練太極拳就寧靜下
來了。

　　靜下來還有頤養的作
用。把神聚起來了，養起來
了。這就是為什麼很多人練
了太極拳後精神飽滿，這是
太極拳的精神調養作用。

　　心態平就是平衡、平
穩，不急劇波動。練拳時集
中精神，平時也要保持這樣
一個狀態。打太極拳是一種
修身的過程，提高人的修養

練拳調心（示範：張永濤）

境界，是結合自己的身體來修身，不是空洞的。太極拳外
形柔和緩慢地動，心態也要同樣，與之匹配、互動，使人
的心智水準得到提高。

　　練拳時心情始終應該是放鬆的。不要緊張。精神要求
集中，但神聚而不緊，身心泰然，抱元守一。鬆下來，精
神壓力就得到緩解，動作也做得對，氣血沿經絡運行，越
練神越足，精神越好。身體感到越來越輕。所以很多人打
太極拳要領如果對了，感覺越練越省勁，不覺得累。這是
放鬆的效果。

　　這幾方面是完整的，是一種狀態的幾個方面。通過調
節的過程，就提高健康能力。

　　在中醫學中，很重視研究人的喜、怒、哀、樂、憂、
思、恐等「七情」，認為「七情」過極，就要引起精神和
腑臟的疾病。中醫典籍《黃帝內經》中強調：「恬淡虛

無，真氣從之，精神內守，病安從來。」就是說你的精神如果處於靜的、鬆的、平和、無憂無慮的狀態，身體內部的氣血才能順從循環的規律，運行通暢。這樣精神內守而自得，身體正氣旺盛，病邪就難以入侵造成危害。

太極拳調心的做法，正是要求人們在鍛鍊時做到「恬淡虛無，真氣從之」、百慮俱消、物我兩忘境界的，這樣相似於外來噪音的干擾就被過濾了，人體進入一個最佳的生理狀態。如大腦皮質進入良性的自我保護性抑制，大腦各功能區協調同步，各種內分泌也協調適中，這些生理條件使人感受到巨大的愉悅感，獲得健康的真實體驗。

太極拳的調心也在身體上帶來放鬆。太極拳的鬆是身心同時放鬆，鬆而不懈，能解除肌肉的緊張狀態，使外周血管阻力最小，全身氣血循環通暢。人在嬰兒階段，其精神、身體都是非常鬆活柔軟的，這就蘊藏了無限的生機。到了老年，身軀就變得緊張僵硬，思想也僵固，這就是生機衰微的反映。放鬆身心就是引導人們返老還童、延緩衰老的有效措施。

太極拳的調心就是調整產生一種綠色心態，就是一種平和的心態，一種放鬆的心態、和諧的心態、健康的心態。

調息——讓你的內臟更加乾淨

中國傳統養生術的最早形式之一是導引，由肢體的宣導來健身。太極拳在很大程度上繼承了導引術的內涵，從健身的角度可以說，太極拳也是一種導引術。

　　導引的一大特點，是與吐納的有機結合，就是以呼吸調節配合動作。

　　太極拳的調息就是呼吸的調節，把呼吸作為健身的一種方式加以調整，把調節呼吸和調節身體的其他功能結合起來。

　　太極拳的呼吸方式主要有兩種，一種是自然呼吸，一種是腹式呼吸。自然呼吸是以拳式為主導，不去過分關注呼吸，以自然舒適的原則使呼吸與拳式動作相配合。腹式呼吸是在呼氣、吸氣的過程中有意識地以腹部的收縮相配合，形成腹部橫膈肌的升降活動，這樣就會擴大或縮小肺部的體積容量。

　　解剖和生理學說明，人的呼吸靠胸肋的開闔和橫膈肌的升降活動來完成，而橫膈肌的升降所促進的呼吸量，遠大於胸肋開闔所得到的呼吸量。所以腹式呼吸能取得更多的新鮮空氣。

　　空氣是人的生命活動的重要物質，新陳代謝是生命活動的特徵，營養物質之所以能化為能量，是依靠氧化才能進行的。所以，人體吸入氧氣充足與否，直接影響到人的健康水準，特別是人的大腦，如果嚴重缺氧幾分鐘就可以發生不可逆轉的變形和壞死現象，造成對生命的嚴重損害。太極拳的自然呼吸和腹式呼吸都要求做到細、勻、深、長，都是有節奏地有規律地呼吸大量的空氣，並且由緩慢的運動，形成氣息在體內的充分交換，促進生命活力。

　　腹式呼吸還有一個作用，就是由橫膈肌比較大幅度的活動，對胸腹腔的臟器起到良好的按摩作用，使這些臟腑循環旺盛。橫膈的運動，還加強了血液及淋巴循環，可以

使心臟冠狀動脈反射性的擴張氧化與還原作用加強，增加了心肌的影響，為有效地預防各種心臟疾病及動脈硬化創造了良好條件。

調息是太極拳的一個主要練習內容。太極拳家陳鑫說：「打拳以調養血氣，呼吸順其自然。調息綿綿，操固內守，注意玄關。輕輕運行，默默停止，惟以意思運行。」呼吸之道，在於自然。綿綿調息，就是不間斷、輕微、深長、均勻。在調息中，也要和意念相結合，注意行拳、調息過程中身體一些特別的感受和反應，就是調息和動作、內氣相呼應，不是孤立、簡單的呼吸。

九、 太極之要──動靜相生

太極拳有動，是一種動態的鍛鍊方法。每個動作都是在運動中完成的。太極拳又有靜，並且還非常強調「靜」。但這個靜要理解它的實質，不是簡單的、絕對的靜止。

太極拳的動是一種很均衡的動，有一種「靜」的節奏、「靜」的感覺。另外，練習太極拳時要求思維、意念上要靜，不要胡思亂想，靜下心來練拳，這樣氣就不會亂。練拳時要沉靜，避免心浮氣躁。沉靜首先要「沉」，就是把該放的東西都放下來，不要背包袱，練拳時思想上還沉甸甸的，就靜不了。

太極拳就是在運動中求靜，以靜御動。什麼叫御動？

就是以靜的原則去動，不盲動。雖然在運動，但有靜的含義。太極拳慢練的作用也在於此，慢了就容易靜一些，呼吸也能均勻深長。

越是達到靜的程度，靜得越徹底，就會產生靜極生動，這個時候生的是「內動」，內裏的動，動得就深刻，鍛鍊的是內臟。

傳統太極拳中有許多闡述動與靜的精妙論述，如武禹襄《打手要言》中說：「身雖動，心貴靜；氣須斂，神宜舒。心為令，氣為旗；神為主帥，身為驅使。」

太極拳養生的關鍵在處理好陰陽平衡關係。練拳時涉及的對立統一的因素很多，主次要分明。身體是運動的，但心要靜，如果心動了，氣就躁了，就斂不了。心靜下來了，才能很好地指揮肢體的運動，心是指揮部，指揮部有智慧，氣、神就會各自發揮很好的作用，身體只是執行了。武禹襄還說：「視動猶靜，視靜猶動。」動靜是一體的，不能截然分開。動中感覺靜，是一種均衡的動，靜中要求動，不是死水一潭的靜，這樣就達到動有法度，靜有生機。

許多養生學家的切身體驗告訴我們，動靜結合是養生的大要。如果只是一味的動，得不到安神的

太極練習動靜相生(示範：周世勤)

效果；一味的靜，氣血不能很好地流通，活力不夠；動靜結合就能實現性命雙修。太極拳的鍛鍊正是依據動靜結合的原則來進行的。所以在練習太極拳中，特別是在動勢中，仔細體驗「靜」的狀態是非常重要的。

十、太極之魂——剛柔相濟

易經中有乾、坤之卦，乾一般象徵剛，坤象徵柔。中國哲學很是強調水的力量，水是柔的，它卻無堅不摧。於是太極拳中就很善於處理剛柔的關係。

既然是一種拳術，拳術就有剛的一面。剛是什麼？就是力度、力道，沒有力道、軟綿綿的就不是武術，也強壯不了身體。但中國武術的一個大的貢獻就是發現並運用了「柔」的力量，把剛中加進去柔的成分，就避免了過於「剛」容易「折」的現象，實際上是用柔把剛包裝了一下，不是表面上的包裝，而是從內核的包裝，是打造。

太極拳的動作比較平穩，沒有明顯的激烈跳躍動作，全身要求放鬆，這些都是柔的表現。太極拳中動作要內含勁力，把力加上柔的

剛柔相濟（示範：田秋信）

因素就變成了「勁」、內勁。陳式太極拳等也有發力的動作，但都不是用蠻力，是全身完整一氣的勁。

剛柔相濟是打太極拳時內在把握的一種感覺。

正確發現並有效利用了人體剛柔的規律是太極拳的一大特色。武禹襄在《十三勢行功心解》中說：「極柔軟，然後極堅剛，能呼吸，然後能靈活。氣以直養而無害，勁以曲蓄而有餘。」太極拳是練柔的功夫，因為人在平時全身都是「硬」的，因此先要去僵化柔，柔和鬆是一體的，不柔就不會徹底鬆下來。人體是緊的就束縛了血脈氣息的流通，於身體健康不利。練柔以後，不是散掉，而是整起來，柔加上整，就是「剛」，很柔加很整，就是「極堅剛」。

太極拳的剛柔在不同流派中的表現方式有所不同。比如陳式太極拳，其中剛勁的動作比其他流派要多些，吳式太極拳柔的動作比較多些。

在練習中，一方面要仔細體會整套動作的剛柔結構屬性，另外一方面，對每個動作的剛柔屬性也要注意把握，特別是剛性為主的動作，注意它柔性是如何體現的，柔性為主的動作，注意它剛性是如何體現的。每個動作都有剛柔的兩個側面，都要注意挖掘這種屬性。

十一、太極之道——節節貫穿

人體由很多關節組成。從總體結構上又可分為上、中、下、左、右、內、外等若干個部分。節節貫穿，不一

練拳要節節貫穿（示範：陳正雷）

定是指關節，是指每一個部分，動作的完成是由每一個部分很順暢的連接、呼應來完成的。不能有的地方動，有的不動。一動好像有一條無形的線把全身各部分串起來，既層次很清楚，又感覺很完整。

在太極拳完成動作的勁力傳導中有一句很著名的話「起於腳，主宰於腰，達於臂，形於手指」，就是對節節貫穿的具體描述。

節節貫穿一方面指勁力的傳導，勁起於全身某處，則處處與之呼應。某一狀態中，有一個核心點，身體內外各因素均圍繞此核心點展開佈局。它不是一種簡單的「加法」，而是一種呼應，一種特殊的身體「函數」關係。

它的另一方面指氣的貫穿。身體骨節的貫穿是有形

的，氣的貫穿則更加深層。有時外形可能不動，但內氣遊走全身，一脈貫通，充盈於內臟和梢節。所以練拳如果真正實現了節節貫穿，四肢末梢應該是有充實的氣感。

十二、太極之本——立身中正

練太極拳一定要正，不可不正。身形正了，氣也正。氣正精神就提得起、放得下。太極拳具體技術要求中有一條「含胸拔背」，也是立身中正的要求。練拳時不僅在靜態，在定式時要保持身體中正，在運動中處處時時都要端正。過去太極拳家陳長興被人稱為「牌位先生」，就是形象地比喻他的身形非常正。如果立身不正，勁力就不能順達，圓轉變化就不會輕靈。

正是太極拳的基本要求，身體外形要正，內氣運行要正，意念也要正。「中正」有兩個關鍵環節：頭頂上懸，尾閭中正。頭頂上懸就把精神提起來了，身體就不會萎縮，自然能展開，如果身體拘束一團，就不可能中正。

實現立身中正，尾閭是一個關鍵。傳統太極拳《十三勢歌》

立身中正（示範：馮志明）

中說：「尾閭中正神貫頂，滿身輕利頂頭懸。」這裏強調了「尾閭」的作用。中正是對全身的要求，但尾閭首先要調正，尾閭一正，對應頭頂豎起，就上下貫通，精神提起，頭頂上如同輕輕懸起，「懸」字表明既輕且正，直至向上，不沉重，達到所謂「神貫頂」，這是一種很好的身體狀態，把這種狀態定型，形成自然後，就會覺得全身輕鬆。不把「頂上」功夫解決，很難做到一身鬆開，即使軀幹端正，也會僵硬。所以練太極拳頭部要領很要緊。

「尾閭」是脊柱下的最末端部位，尾閭中正是使脊柱下端保持自然垂直狀態，這樣上下兩段問題一解決，身體的中正就解決了。

這裏面有一點應該注意的是，尾閭部分有一個生理彎曲，其末端稍翹向後，所以要使尾閭中正，需要稍稍使尾椎向內、向下垂。

十三、太極之韻──連綿不斷

有的太極拳流派被形容為行雲流水，有的是運勁如抽絲，講的都是連綿不斷的狀態。很多人一看就說你練的是太極拳，憑什麼？就是連綿不斷的動作，這是太極拳的一個顯著特徵。太極拳環環相扣，每個動作的結束，就是下一個動作的開始，舊力未竭，新力已生，週而復始，如長江大河，滔滔不絕。所以打太極拳時不能中斷，不能斷斷續續的，從一開始學就要養成這個感覺，動作熟練一個連

接一個，最後一整
套完整一氣。當然
有時把一個單式提
出來練那是另一回
事。但單個動作的
各部分每一動的銜
接也必須連貫一
致。

連綿不斷就有無窮意趣（示範：祝大彤）

　　打太極拳只有
連貫了才能圓活，
裏面生出無窮的意趣來。

　　連綿不斷既有外形的連貫，更有內在氣勢的流暢。就是
在練拳過程中，動作的導引不能出現內氣的淤滯。有時候身
體外形雖然沒有死角，節奏上沒有停頓，但氣勢有停滯，或
者出現內氣散亂的情況，都不能稱為「連綿不斷」。

　　練一整套拳，身體的總體感覺是均勻的，是一種狀態，
不能跳躍、變化太大。連綿不斷的前提是心緒的平靜，否
則，動作再流暢、再均勻也難以發揮太極拳的鍛鍊效果。

十四、太極之髓——內外相合

　　外是外形，是動作。這還是枝，內在是本。練太極拳
最主要是要練內，由外動牽引內動，這樣鍛鍊效果才深。
打拳時做著動作，注意體會身體內部的感覺，由外及內。

內外相合（示範：陳小旺）

等練到高深境界，外動的感覺沒有了，只有內動，外面肢體的動作是符號，內在的運動是效果。就好像書法，筆墨是外，寫出來的字是內。如何運用筆墨是形式，字的線條、結構是內容。一套拳打下來，就是寫了一幅書法，完成後，筆墨的概念沒有了，字的線條、結構、章法、筆法留在紙上。

太極拳講究「用意不用力」，意就是內，身體在意念支配下運動，所謂「神為主帥，身為驅使」，這樣外形的動就有依據。

練太極拳的動作都有開合、曲張的變化，身體的這些變化要與內在的變化相一致，用外形的變化來引導內在的變化。太極拳有內三合、外三合的說法，內三合為心與意合、意與氣合、氣與力合；外三合為肩與胯合、肘與膝合、手與足合。做到內外相合後，就把身體變成了一個和諧的統一體。

內外相合的確切含義是，「外三」要與「內三」各個因素互相合，很多人理解「外三」相合，「內三」相合，這是片面的。只有互相交叉相合，才是做到了「內外相合」。

練太極拳外為導引，內為本質。雙方高度統一謂之「合」。在合的狀態下就是一個動態的平衡系統。

十五、太極之綱──上下相隨

　　上下相隨就是全身一致性的運動。對於人體來說，上為陽，下為陰，上下相隨也是陰陽相合的一種體現。

　　做到上下相隨要注意，不是上面在動，下面也在動就是上下相隨了，是每一式要同時開始，同時結束。手、足、胯、膝要一起到位，不能因某一部位運動匆忙造成動作變形。要特別注意「腰為主宰」的功能，腰為連通上下之樞紐，為中心帶動身體運轉，就容易做到內外的同步和諧。再有就是意態上要輕靈，不要緊張，要自然，不能生硬，實現意動則全身都動的效果。這樣打起拳來就很協調了。

　　太極拳是一種整體鍛鍊的項目，上下相隨是整體性的要求。只有實現了上下相隨，才達到完整一氣，內外如一。怎樣才能達到上下相隨？

　　第一，「一動無有不動」，上下一起動，不能手動了，腳沒動，腳動了，手又慢半拍，就不隨了。

　　第二，同時到位。一起動不一致還不行，也不叫隨。手到腳要到，身體

上下相隨（示範：郝宏偉）

轉向也同時完成。這才叫「一氣」。

第三，勁力相合。前兩方面是指空間相合，空間一致了，勁是散的，沒有合上更不行，身體如何變化，勁力與之相合，這就要求真正理解每個動作的準確含義、勁力的特點等，實現收放自如。

第四，意氣轉換靈。在外是動作，在內是意氣，沒有意氣相隨的太極拳動作就是沒有拳的靈魂，空空蕩蕩。

做到以上幾點，就可以做到「上下相隨」。

十六、太極之根——鬆沉一體

放鬆是太極拳講得最多的一個要領，有特殊的健身意義。不放鬆就緊張，身體就僵硬。練時間長了就會覺得疲勞。所以太極拳練得好不好，就看你能不能鬆下來。鬆和沉是相連帶的，放鬆時身體各部分自然沉下，拳論中說「沉肩墜肘」「鬆腰坐腕」都是講沉。

鬆沉一體（示範：祝大彤）

在鬆沉中，首先是精神狀態的鬆弛，心靜如水，平和自然，沒有雜念的紛擾。達到這一點後，

逐步檢查形體的放鬆，各部分舒展、展開，肌肉、關節、表裏處處鬆開，不使有緊張累積。關鍵的一方面還要做到內臟的放鬆，各得其位，各應其職。在運動過程中，動作要鬆沉，行拳走架舒暢圓潤，和諧沉穩。

做到了鬆沉，就是有了太極拳的「蓄」，就有養料。

我們要特別注意體會「鬆」和「沉」連在一起的含義。沉著鬆是自然向下的鬆法。由於重力的原因，人體向下的鬆是一種最省力的鬆法。實際上只要我們調整好了身體各部分，使之互相之間沒有消耗，沒有矛盾的糾纏，也就是完全「理順」了，在重力的作用下，就是一種「鬆」的狀態。所以練太極拳不是我們主動去架構一種狀態，而是去掉多餘的、束縛我們身體的羈絆因素，就達到了鬆，這就是一種陰陽和諧的太極狀態。

十七、太極之宗──虛實分明

太極拳分虛實。每個動作都有虛實。全部的套路實際上就是虛實轉換的過程。對動作的虛實要很清楚，不能含含糊糊，一帶而過。具體的動作中，重心在哪條腿，哪條腿為實，另一腿就為虛，但下一動，虛實就會有了變化。虛實能分，轉動就會輕靈，虛實把握得不好，身法就滯重。

在初學太極拳時，掌握虛實是迅速入門的一個訣竅。把每一動、上一個動作和下一個動作之間的虛實變化，重心的分佈搞清楚了，就學得很快。

虛實分明（示範：楊振基）

　　清楚了虛實還要做出來，做得連貫均勻流暢。要交代得很清楚，這樣重心就會穩定，拳論說「邁步如貓行」，步法上很靈動。

　　有的人把太極拳叫做虛實拳，可見虛實問題在太極拳中的地位。

　　還要講究變化的虛實，一個實招用到了頭，用「老」了，就要變為「虛」，否則這個實就容易成為「滯」，就是容易被人拿住的「點」，不會變虛的「實」是笨招，下乘之招。同樣，虛招是為了成為實招而設定的變化過程，不能變為實招的虛就是空招。太極拳套路的練習，勢勢相連，招招相隨，每一招都經歷一個由虛變實、由實而虛的完整的變化循環。在練習中我們應細心體會這種虛實的過渡和轉化。

在太極拳套路中，每一式的定式，都有一個明確的虛實結構，哪隻手是實，哪條腿是虛，都應該一一弄得很清楚。練習時要交代得明明白白。當然，到了高級階段，虛實只在意念中，形的界限就小了，那是另外一回事。

虛實在技擊推手中的應用也是太極拳的一種高級功夫。高手對敵，善於將實點化虛，以虛點拿實，虛實對接就是「引進」，虛實的轉換就是「落空」。

十八、太極之神──意氣運轉

意氣運轉就是用「意」的要領。太極拳是「意識體操」，核心在用意。用意識引導動作，要充分發揮想像的作用，「意氣君來骨肉臣」。太極拳被稱做「內家拳」，也有這方面的含義。意氣要用，還要用得靈，不要大起大落。很激動的，不行。是一種圓轉的運化。動作一定要在意識的指導下展開，不要脫離。

在練拳時精神要集中，不要開小差，專心致志，心中只有拳，練到一定的程

練太極拳能夠運用心意功夫才能達到上乘（示範：馮志強）

度，可能拳的動作結構也逐漸忽略，變成了一種整體的感覺。就是拳論中說的「空」的感覺，進入一種高級的「修心」的境界。

用意是太極拳練習的基本要求。只有用意，才能練意，達到身心並練，也才能脫出形體體操的範圍。太極拳《十三勢歌訣》強調「詳推用意終何在，延年益壽不老春」。可見用意也是太極拳健身的關鍵。用意的作用在於，化僵硬為柔軟，化方直為圓轉，化外動為內練。

如何用意？首先不能太著意，太著意了，就是在意而不是用意了，就轉換不靈了，就氣滯。《行功心解》載「意氣須換得靈，乃有圓活之趣，所謂變換虛實也」，因此用意貴在自然。另外，用意時要「意在先」，拳論說「意氣君來骨肉臣」，就是意念引導動作。人的行動受意識的支配，這是生理學的基本常識之一。誰都會用意識來指導動作，但太極拳在於強化這種意識，引導這種意識，久之，使之成為本能化的習慣性意識行為——這就是太極

練太極拳全憑心意下工夫（示範：李龍舜）

拳用「意」的立足點、出發點。還有就是太極拳用的這個「意」要有技擊的意識，要有攻防變化，每個動作都給予技擊的解析，這樣拳架有法，精神有度。

「心意」是太極拳內練的功夫，有心意，肢體才能「活」。拳論說：「先在心，後在身。腹鬆氣斂入骨，神舒體靜，刻刻在心。」「在心」就是運用意識，以心行氣，以氣運身，就是在意識指導下的身體運動。但又不能太著意，而應是有意無意之間地運用意識，神意舒展，整個太極拳的狀態是一種自然的、安靜的、輕鬆的、內外一體的流動性展開。

《十三勢歌》中所強調的「若言體用何為準？意氣君來骨肉臣」就是突出了練意的地位。練太極拳要意識指導動作，一切的動作、姿勢是在一定的意識狀態下的運動。每一動作都有固定的技擊含義、練習目的，都要在練習過程中呈現。如果意識散漫，或者游離在動作之外，就是形神不合，所以拳式要統一在拳意之下，這樣才能達到內練一口氣、外練筋骨皮的效果，否則就是練「體操」，就失去了太極拳的特色。

陳鑫在其拳論中論述心意的作用：「心為一身之主，腎為性命之原，必清心寡欲，培其根本之地，無使傷損，根本固而後枝葉榮，萬事可做，斯為至要。」

中國古典養生理論一貫將心、腎相連，從五行的角度認為，心為火，腎為水，心腎相交，即為水火既濟，才能陰陽平衡。如果腎氣不足，嚴重虧損，就是傷了根本，如同大樹枯根，枝葉難以茂盛。所以養生必先養腎，練拳也要先固腎。固腎的一個重要條件就是清心寡欲，要把練拳

和修心結合起來，否則心浮氣躁，腎源難固。

十九、太極之竅——呼吸自然

　　呼吸問題各種拳派講得很多，具體方法也不少。可以結合拳式進行呼吸，也可以進行一定週期性呼吸，但總的一個原則，要自然、流暢，要細、勻、深、長。不能急促、憋氣。開始練拳時，可以不用太關注呼吸，任憑自然。到了一定的熟練程度，顧得過來了，就可以根據每個人的習慣和體會，調節一些呼吸的幅度和頻率，增加一些運動量。從養生的角度說，太極拳也是一種導引方法，導引通暢和呼吸配合起來，效果就更好。但具體到某個動作如何配合，則需要在實踐中體會，應該以自己感覺舒暢為好。

　　呼吸在養生中很重要，不會呼吸，動作就會和呼吸打架。你在練拳時感覺不到呼吸，又不覺得憋氣時，呼吸就對了，呼吸就會配合動作，產生靈活。養氣和蓄勁是同一個概念，就是不作無謂的損耗，像蓄水池一樣，養起

呼吸自然是太極拳的基本呼吸方法
（示範：翁福麒）

來，蓄起來，內氣充盈，勁力、精神就百倍了。

二十、學習太極拳要做好哪些準備，
注意哪些問題？

　　剛開始學太極拳注意解決幾個問題：一，根據自身情況，選擇一個適合你練習的套路；第二，買一本簡單、準確的太極拳輔導書看一看；第三，找一位明白的老師教你，或參加輔導班。第四，把學習開始就當做鍛鍊的開始，心理上不急於求成。不要想一下就練成什麼水準。第五，練太極拳的服裝簡單準備一下，衣服寬鬆一些，鞋子輕便一些，最好不要穿皮鞋。第六，最關鍵的一點，要下定決心，持之以恆。

　　太極拳是一項運動健身項目，也應注意一些運動衛生

在環境優美的地方練太極拳是一種身心享受

方面的環節。選擇練習場地，要空氣清潔、通風、平整，不能太濕，最好也別太硬。如果有條件在環境比較好的地方練習能夠神清氣爽，效果更好。不要在烈日下練習，氣溫太高也暫時別練。衣著要寬鬆，柔軟，要穿比較乾淨、最好能吸汗的服裝。鞋也別太緊。開始較大運動量練習套路之前，最好做一些準備活動，把身體關節及腰腿活動開，運動量逐步增加。不要光著身子練習，以免受涼。練習結束時應做些整理活動。運動完畢後，應及時脫下有汗的衣服。饑餓時或剛吃飽飯不應練習。

二十一、練太極拳選擇什麼式子好？

太極拳的流派很多，通常所說的陳、楊、吳、武、孫等式是流傳較廣、比較著名、練習人數比較多的幾種流派。每種流派的太極拳又有很多的套路，有簡單的，也有複雜的，有拳術套路，還有器械套路。這種情況，給廣大群眾練習太極拳提供了比較大的選擇餘地，能充分適合各種情況的人選擇。可以說，這些太極拳的流派套路都具有強身健體的作用，但就每個人的情況來說，選擇上也有些講究。基本上可以參考以下幾個方面來考慮：

第一，根據自己的喜好來選擇。每種太極拳雖然在基本原理、基本技術上有很大的相通性，但也有很明顯的區別，有些地方區別還很大，特別是在風格上。在開始練習前，建議大家可以先看一看各種太極拳的套路，你喜歡了

各流派太極拳的核心要領是一致的（示範：鍾振山）

一種風格，你就有興趣練，練了才有興趣堅持下去。因為太極拳健身不僅是個體力活動，還是一個享受、審美、對自我身體感覺的綜合性的過程，甚至還有文化心理上的感受問題，你越喜歡，而且是發自內心的喜歡，不是當做一項任務來完成，你的健身效果就會更好。在太極拳上講就是「身心合一」了。

第二，要結合你的學習條件。比如說，有沒有老師？有哪個流派太極拳的老師？你喜歡一種太極拳，開始還要有老師來教。如果你有條件跟隨一個好的老師學，對太極拳入門和提高非常重要。所以建議大家，如果身邊有一位非常好的老師，也可以先跟隨他來學習。

第三，結合自己的身體情況。你的體能情況如何？體質弱一些的，可以選楊式、吳式等，體能充沛一些的，可以選練陳式、趙堡等。

第四，在套路上，開始練習時，要選擇比較簡單的。為了適應時代的發展，各太極拳流派幾乎都有自己的簡化套路，當然更多的是傳統套路。開始學習，最好先由簡單套路入手，先把一些典型動作學會。

太極拳有個特點，很多基本要領，特別是一些原則性要領，基本上都融會在典型動作中，你練好了幾個典型動作，對學好整個太極拳套路會有很大的幫助，而各流派的簡化套路，都是將典型動作提取出來組合編排而成的。

需要說明的是，各種流派的太極拳，其核心要領、基本理論是一致的。王宗岳《太極拳論》中說：「雖變化萬端，而理為一貫。」太極拳的道理其實很簡單，不要神秘化，不要複雜化。不管是哪種流派的太極拳，也不管是太極拳套路中的哪個動作，在運動路線、勁力等方面有很多不同，那只是方法問題，在根本道理上是一致的，就是「理為一貫」——就是平衡和諧的原理，要圍繞整體和諧、陰陽平衡的原則；就是要全面實現生理和心理的平衡和諧、上下內外的平衡和諧。如果偏重於某一個方面，太極拳的鍛鍊都是不完整的。

二十二、太極拳樁功的作用是什麼？
如何練習？

樁功也叫站樁，是太極拳的內功練習法，既是入門練習的方法，也是到了很高水準仍要不斷練習的方法。很多武術家非常重視站樁的練習，強調「百練不如一站」。樁

功就是身體保持一定的姿勢、神意保持一定的狀態、靜止站立的練習方法。

站樁是武術的一個重要訓練方法。形意拳有三體式，少林拳有馬步樁，太極拳有無極樁等，這些站樁練習，不僅對於技擊有作用，對強身健體效果尤其明顯。許

太極樁功（示範：李斌）

多拳家強調，練拳先練站樁。拳諺說「練拳無樁步，房屋無立樁」。站樁鍛鍊，一是訓練心境，讓心態平和，還可以提高對環境的敏感性，增強抵抗力。另外，可以增強肢體特別是下肢的力量，逐漸消除浮力，使沉力重生，周身氣血順暢，內外一體。經常站樁的人會有感覺，就是越站覺得身體越輕，身體實了，感覺輕了，這是站樁的一個特點。所以練太極拳應該配合練習一下站樁。

樁功的基本原理是靜以制動，由身體外形的靜，促使體內的氣血自然的萌動，儘量減少了外力不合理的牽引。由靜而生的動，乃生生不已之動。

站樁時意念要高度入靜，這是能否產生好的效果的關鍵。身體要完全放鬆，各個關節不能出現死彎，應保持大弧形狀態。鬆中有緊，鬆而不懈，這樣就能抱元守一。

太極拳中著名的樁功有無極樁、太極樁、馬步樁、內樁

八法等。每個流派的太極拳都有自身獨特的樁功練習法。

二十三、每天練拳多長時間合適？

太極拳健身是一種整體的鍛鍊，不能簡單地從量上來衡量，更應當看「質」。要領正確每天練20分鐘，比要領不對每天練一小時效果要好。另外，還跟你在鍛鍊時間內的密度、強度有關係，你是在一小時內不停地打拳，一遍一遍來，還是有間隔、有不同形式地交替進行，都不一樣。如果時間充裕，可以合理科學安排鍛鍊內容，動靜結合，單式、套路結合拳、械甚至推手結合等。平均來說，每天練習半小時至兩小時都可以。有時花上10分鐘練一套簡化太極拳，只要持之以恆，效果也會不錯。

每天都堅持練，這一點很重要。

二十四、練太極拳怎樣呼吸？

呼吸是太極拳的重要內容。關於太極拳的呼吸，各家論述不一樣，如有的強調「氣沉丹田」，有的主張「腹式呼吸」等。但概括起來基本上是兩種呼吸方法，一是自然呼吸，二是拳式呼吸。

自然呼吸就是不要過分注意呼吸和拳架、動作的配合

問題，在做好拳勢動作基礎上，呼吸以自然、舒服為宜，你覺得舒服了，就對了。長此以往，呼吸自然就和動作配合上了，這實際上是以動作來調節呼吸。這種辦法的前提是動作

呼吸和動作相協調（示範：李益春）

要準確，要合乎規格，要規範，對動作要求比較高。

拳勢呼吸就是有意識地將呼吸和動作結合起來，在練太極拳過程中，把呼吸過程和太極拳動作的外形以及外形的變化趨勢、特徵結合在一起。呼吸的長短和動作的過程相聯繫，呼吸的吐納也和動作的開合曲伸相關聯。一般是動作外展為呼，內收為吸；動作沉降為呼，提升為吸；發勁時為呼，蓄勁時為吸。不管哪種呼吸，基本要領都應是細、勻、深、長。

這樣，呼吸的節奏和拳法的運行節奏基本一致。久而久之，形成了拳一動呼吸就相隨的局面。但在開始練習時要有一個有意識的配合過程。拳勢呼吸中要注意的一點就是如何把呼吸和動作配合，這個模式要搞準，否則就是搭配不合理，是「拉郎配」，就會越練覺得呼吸越彆扭，內外不能統一。要配合好，一個簡單的衡量標準就是自己要覺得舒服，不舒服就不對。更深入一步，就要研究呼吸和動作相配合的規律。

二十五、練太極拳的套路是否越複雜功夫就越深、效果就越好？

傳統的武術套路，包括太極拳套路都比較複雜，主要是由套路這種形式把許多武術動作串聯起來，便於記憶和綜合運用，並加大運動量。進入現代社會後，為適應更多的人練習，特別是作為以健身為目的的鍛鍊，對傳統太極拳進行了系統的簡化處理。簡化之後，不是說鍛鍊效果就差了，因為簡化動作，但要領不能簡化，否則就不是太極拳了。所以如果僅僅為了健身，練一些簡化套路就可以了。當然，如果有更多的時間、精力和興趣，或者想在更多方面提高功夫，就應當多學一些內容。

這裏面有一個如何看待太極拳的動作和套路結構的問題。太極拳的動作，有簡有繁，各自的功用不同。有些需要複雜些，有些簡單就夠了。總的來說，不能有多餘的動作，那些毫無意義的小動作，既不符合技擊原理，在養生上也收不到更好的效果。大道至簡，簡潔的式子往往就是根本。

傳統太極拳（示範：褚桂亭）

在傳統套路中還有很多重複

的動作，有的是強調動作的重要性，反覆出現，有的是為了左右對稱練習。這些套路可根據我們的條件和喜好來選擇習練。

二十六、太極拳練習中如何實現正確的身法要領？

太極拳家武禹襄在《身法八要》中提到：「提頂吊襠心中懸，鬆肩沉肘氣丹田。裹襠護肫須下勢，涵胸拔背落自然。」這段話言簡意賅，講述了太極拳的一些主要要領，幾乎反覆被各種太極拳研究論文引用，全面論述了太極拳身法中的細節。

頭部既要正直向上，又不能使勁頂，體會「提」字，彷彿上面有線吊著，而且一直吊到襠部，上下一線，又直，又鬆。只有做到鬆肩沉肘才能氣沉丹田，肩不能聳，不能端，肩和肘的關節都是鬆開、展開的，這樣胸部不憋。太極拳練拳中的肩部毛病也有人比喻為「寒肩」，就像感覺寒冷一樣，縮起肩來。「裹襠」是保持襠部的開圓，襠部開圓了，行步就容易分清虛實，也使人體中、下部氣脈貫通。肫（ㄓㄨㄣ）是鳥類的胃，這

武式太極拳勢
（示範：翟維傳）

裏代指人體胸腹部位，沉身靜氣對人體內臟有溫養作用。胸略內涵，但不可硬挺，還是個虛和鬆的問題。脊背要自然挺拔，胸含，背不拔就會窩住，背一拔，身形就展開了。概括理解身法八要，就勾畫出了太極拳的整體形象，各部分要領說法有別，要領則是一致的。各部分是相互關聯的，每部分的要領是自然合成的，一個地方出問題，其他地方也很難做好。

二十七、練太極拳如何運用眼神？

「眼為心之苗」。眼是反映你內在的狀態的視窗，練太極拳重要的一點就是要練「內」，眼神是表現精氣神的一個重要指標。所以太極拳中眼神的運用很關鍵。

首先在練拳中眼神不能散，一散就亂，神氣外泄，精神就不飽滿。所以練太極拳時眼神應該始終是含蓄的，含而不露。但不能呆滯，你含倒是含了，但目光恍惚，不流暢，氣韻不生動，你打的這個拳就沒有生氣，所以既要含，又要飽滿，叫做「神光內斂」。

眼神運用是太極拳關鍵練習環節（示範：陳正雷）

在具體方法上有一個要求，就是眼隨拳走，你的眼神要和動作相配合，相一致，要跟著拳勢的變化而變化，有時要眼隨手走，但不絕對。要對每一個式子的具體要求細心體會眼神的變化。

還有一點應注意，有的人練拳時為了顯示拳的「活力」，眼神亂飄、亂飛，好像很有神采，其實丟了穩定。

二十八、太極拳健身需要練哪些基本功？

太極拳健身是一個系統的工程，基本功是打基礎，所以要重視。無論練哪種流派的太極拳，都應該首先練好基本功，並且長練不懈，還要將基本功融合在拳術的套路中去。基本功練紮實了，拳的效能才可以很好體現出來。

太極拳的基本功有幾方面，一是基本的手型、手法，步型、步法和身形、身法。一套拳有一些主要的手型，太極拳中，掌是最主要的，每種流派強調的掌有所區別，要注意體會。對一些基本的手法，如推掌、翻掌等，它們的作用、勁力的特點要清楚。太極拳動作雖

單鞭是各種太極拳套路中都反覆出現的基本式子
（示範：楊澄甫）

每個太極拳動作都包含特定的手型、手法、步型、步法（示範：董英傑）

多，基本的步型並不多，如弓步、開立步等。在步型上，特別注意虛實的結構。步法上重點掌握進退的變化規律。太極拳身形、身法並不複雜，以輕靈、中正為核心，在各種身法變化中都要注意把握這兩點。

二是一些最基本的式子，如雲手、單鞭、如封似閉等。一些重點式子在傳統太極拳套路中會反覆出現。在練習的時候，可以把它們提出來，單獨重複練習。

三是基本的內功，如站樁、呼吸訓練等。這些基本功可以單獨提出來練習，也可以結合拳術套路加以體會。

二十九、練習太極拳科學的程式是什麼？

練太極拳怎麼上手，這是很多人關注的，許多人學太極拳上來就開始學套路，這不太合適。學太極拳的程式要對，就會有長遠的效益。

開始學動作前，要先看點太極拳的書，瞭解一下太極拳的基本特點和基本理論，這對學拳有好處，你就會明白地練，減少糊塗，這樣往往能起到事半功倍的作用。

之後，先練基本功，根據你所學的太極拳式子的特點，在老師的指導下，選擇幾項重點基本功先練習，體會要領。基本功練習雖然開始要多費些時間，但打下堅實基礎後，往後的進度就會快，效果就會好。

再進一步，開始練單式，由單式練習，體會太極拳上下相隨、完整一

太極拳單式練習（示範：嚴承德）

氣、內外相合的技術特徵。單式是套路的基本因子，單式練對了，拳的基本味道就有了。

單式練習熟練了，就可以練套路了。學習套路也不一定要依照順序從頭到尾地來，可以先把一些難度較大的式子拿出來反覆練習，之後再串起來。但最後，一定要仔細體察整個套路連接後的韻味，因為太極拳的很多感受都是在完整的套路連接中體現出來的。

三十、什麼樣的練拳速度是合適的？

太極拳的速度也是一個辯證的問題。一般來說，大家感覺太極拳練習起來很慢。這是通常意義上的，特別是作

太極拳速度因拳而宜（示範：嚴承德）

為養生健體，在套路熟練後，按照正常速度慢慢練習，現在一個簡化套路練習下來一般是在5分鐘左右，每個人根據自己的情況，再適當放慢也沒關係。總之是要把動作做到位，把要領突出出來。

但對於太極拳的速度理解也不要機械，也要有變化。陳式太極拳的套路本身，就有快慢相間的變換，這種變換就是它的特點之一，在練習中要表現出來。在學習和訓練中，有時還故意要運用速度變化的方法來體會拳式內在的結構。比如對一些拳式的快練，你就很鮮明地感覺到它的技擊含義，有時一個動作反覆練習不得要領，你把速度一改變，就從另一個角度認識到了。這是訓練方法問題。還有一點，就是一些傳統的太極拳流派中專門有非常快速的練習套路，比如楊式就有「快架」，但因過去公開流傳較少，所以不為人所知。

在傳統太極拳中，還有一種練功夫的行拳速度非常慢，每一動都細細體會身體內外的各種感受。有的老拳師，一趟拳下來，要用一個多小時的時間，稱為「磨功夫」。大家也可以試一試，別有一番體驗。

三十一、太極拳健身中的平衡如何具體實現？

　　平衡是太極拳的健康原則。中醫學上認為，人體是一個有機的平衡結構，陰陽互動，互為平衡，人體內外的平衡一旦被打破，就會產生病變。所以太極拳處處以平衡為原則，平衡的思想始終貫穿在理論和實踐當中。對於太極拳的每個動作，要注意理解它內外平衡的關係，外在的形態是怎樣的，內在的功能又是如何，做到「內外平衡」。

　　只練了外形，達不到深度效果。每個動作都有開合的關係，這也是一種平衡，開多大，怎樣合回去，這一開一合的連帶關係是什麼？開是對外、對他人，對環境，合是向內、對自我，這種轉換中如何達到平衡？這是「開合平衡」，還有「上下平衡」，許多動作有上也有下。拳論上說「欲上必先寓下」，是上、下也對立統一的矛盾。

　　其他還有很多方面的平衡關係，如呼吸和動作的平衡，手和腳的平衡，概括起來，就是個「陰陽平衡」。陰陽元素有哪些，要搞清楚，每個元素

太極拳械的每個動作都有平衡關係（示範：吳文翰）

的陰陽屬性也是動態變化的。所以理解平衡關係也要動態掌握。

三十二、練太極拳配樂好還是不配樂好？

太極拳配樂也是個發展中的新事物。過去傳統太極拳中沒有音樂，也沒有條件去考慮配樂。後來一些人練習，特別是在表演中加入了音樂，感覺效果挺好。一開始也有爭論，有的人認為配樂破壞了太極拳的內在韻味，把太極拳機械化了，影響了它的深度。但另一些人認為，太極拳本身就是有內在的節奏，是一種很優美的運動，配樂挖掘了它的音樂潛能，更好地表現了太極拳的美。

一般來說，作為大眾健身的太極拳，適當地配上音樂練習是可以的，能提高練習者的興趣，還便於記憶。音樂

清華大學學生集體練拳

也是一種調節工具。配什麼樣的音樂要講究，既然是健身，音樂也要愉悅身心，所以要選擇舒緩、優美的，節奏上不能激烈，音樂主題上要健康。現在很多人喜歡用中國古典音樂來伴奏，中國傳統音樂寶庫十分豐富，能體現民族文化特點。選擇音樂的長短要和太極拳套路練習的長短相符合，特別是開始和結束，跳躍性不要太大。有人用一些現代音樂來伴奏效果也很好，如果有條件還可以專門選擇、製作一下，以便使音樂更好地配合拳術套路。

另外，不同特點的太極拳套路音樂上應有所區別，如果要求更高一些，音樂的意境上能和套路的風格相吻合就更好了。為了太極拳推廣的需要，有關方面也編創了一些規範的太極拳配樂帶，可以作為參考使用。

三十三、練太極拳如何做到「鬆」？

鬆是太極拳最基本的要領之一。對養生尤其重要。做到了「鬆」，拳架子才能自然流暢，心理上才能穩定，由練拳，解除身心上的緊張點，氣血貫通，虛心實腹。

太極拳中的「鬆」指的是全身自然舒鬆的意思，不是懈怠和疲沓。它對肢體有「曲中求直」的要求。練拳時周身關節、肌肉，凡能夠或應當舒鬆的部分都必須做到自然鬆開。鬆的目的一是便於做到「柔、圓、緩、勻」「節節貫串」等，以求運動的靈活輕鬆；二是胸腹鬆靜，便於沉氣，穩定重心。

鬆是太極拳的重要要領
（示範：祝大彤）

完全做到太極拳的「鬆」，也要從兩方面著手，一從外，即從人體軀體著眼。頭部，要求頂頭懸，做到不丟頂。頸部要自然，頸肌要放鬆，避免頸項強直。軀幹，要求立身中正，就是要求脊柱自然地呈現直立狀態，不能傾斜，也不可故作姿態，以安舒中心，符合自然才對。要求含胸拔背，胸部略內含避免挺胸，則背部成自然的微弧背弓狀態，其作用是使胸部鬆開，便於內臟自然適宜。四肢，要求鬆肩垂肘，溜臀鬆胯。兩肩自然下垂，不前扣、不後擠，前扣則胸緊，後擠則背部緊張。肘要自然下垂，不可有意下墜。臀部不凸出，要自然含垂，避免隨便扭動。兩胯要鬆，使兩腿自然伸屈不受影響。兩膝蓋勿向前或左右閃出，前膝蓋與腳尖自然對正。兩腳掌、兩手掌也應舒展、鬆開，不要用力。二從內，對人體內部而言，要保持頭腦安靜，神經不緊張，以便周身鬆靜。頭腦安靜，運動才能做到「純以意行」，不使用拙力。要做到放鬆腰、腹部位，「腹內鬆靜氣騰然」。

腰、腹不用力，氣自然下沉，就是利用腹呼吸，做到「氣沉丹田」，既可避免氣上浮，也可穩定重心，以利運動的變轉靈活，不遲不重。

三十四、「虛心實腹」在太極拳健身中 有什麼作用？如何做到？

　　「虛其心，實其腹」是中國傳統養生的一個理論。「虛心」就是心要靜，減少雜念，高的要求是「一塵不染」。有雜念就耗神，不利健康。「實腹」是氣沉不上浮，上浮則心煩氣躁，內息紊亂。有的武術拳種和運動為了增強力量，在練習中要求挺胸、收腹，太極拳是要求涵胸，實腹，這與「氣沉丹田」相一致，使小腹有充實感，行拳時從容、穩定，沉著則宏大。所以，打拳時身體要穩，呼吸要勻，不急不躁，心境自如，則可「虛心實腹」。

虛心實腹（示範：程秉鈞）

三十五、練太極拳常見的主要錯誤有哪些？

任何人練太極拳開始都會有各種各樣的錯誤，不斷地糾正錯誤，水準就不斷提高，糾正錯誤的過程也是個鍛鍊的過程。所以，練太極拳不能怕出錯而縮手縮腳，要大膽動，太極拳順應人體規律，你練的舒服狀態，就是對的狀態，但總結一些出錯的規律可能會又助於大家的練習。

過去的拳家就很注意這方面的研究與歸納。如太極拳研究家陳鑫就總結有「三十六病手」，陳式太極拳名家陳照奎概括了練太極拳的五十種錯誤行為，具有較強的實用性。這裏介紹如下：

1. **僵**：有剛無柔，通病。防治：全身放鬆，同時要做到鬆而掤勁不丟。

2. **飄**：有升無沉，有上無下，漂浮，或叫拔根。尤其是在提腿和跳躍動作時更易犯此病。防治：輕沉兼備，逢上必下，周身有上升部位必有下沉部位。腰以上螺旋上升，腰以下螺旋下沉。上有虛領頂勁，下有氣沉丹田，五趾抓地。對拉拔長，穩固下盤，襠走鍋底型，逐步做到上肢如風吹楊柳，下盤穩如泰山。手的動作，順變逆，逆變順，必須先坐腕，否則也飄。

3. **散**：有開無合，鬆懈，或四肢開展過大，兩臂開展之中沒有相繫相合之感。肩、胯、肘、膝、手、足之間失掉「六合」規矩，以及敞胸、敞襠，都是開展有餘，緊湊

不夠。腳該扣不扣。手型散也是病。防治：四肢總保持半圓型，掤勁不丟，處處做到開中有合，合中有開，開合相寓，要做到舒展之中有團聚之意。下盤兩膝、兩足，常常裏合。

4. **拘謹**：動作放不開，不到位，不舒展。防治：處理好開合關係，合中有開，「緊湊之中有開展之意」。

5. **直**：直來直去，沒有纏絲勁。防治：動作螺旋，觸處成圓，周身各關節的鬆沉處處求一個圓字，動則求一個旋字，非圓即弧，非順即逆。

6. **丟**：丟勁，失去掤勁或丟掉小動作。防治：掤勁不丟（彈簧勁）動作不缺，過渡路線不含糊。

7. **扁**：沒有掤勁，圈不圓。防治：掤勁不丟，周身如同一個充足的氣球。外行飽滿，內氣鼓蕩。「筋骨要鬆，皮毛要攻」。

8. **貪**：上身前傾，有前無後。防治：注意左發右塌，右發左塌，前發後塌，上身中正，前去之中必有後撐。

9. **拱肩**：上肩拱，上挺，上拔。防治：時時注意沉肩墜肘。掌根下塌，另外，拱肩與胸腰能否開合、腰能否下塌也有關係。

10. **晃肩**：肩左右搖擺，初學用腰勁抖不出來，而肩膀左右搖擺非常難改。防治：上身中正，鬆肩塌腰，以腰脊帶肩。

11. **探肩**：兩肩過分前捲，含胸太過造成的。防治：含胸塌腰，肩微含，不可過，做到胸背有開合，胸開背合，背開胸合，兩肩鬆沉。

12. **架肘**：肘上架。防治：肘要下墜，不能離肋。

13. **挺胸**：開胸過大。防治：開胸指胸肌橫向拉開，不是前凸而是要螺旋中運化。

14. **凹胸**：含胸過分，有合沒開。

15. **弓背**：同上。

16. **彎腰**：下盤支撐力不足，腰腿沒勁。

17. **凸臀**：臀可以上下立體螺旋翻動，切不可後凸。襠部有開有合，肛門有鬆有提，臀部有翻有沉。

18. **跪膝**：膝過足尖。防治：加強下肢功力鍛鍊，坐腰。

19. **水蛇腰**：腰軟得過分，左右扭擺。防治：腰勁貫下去，貴堅實。腰不可軟，不可硬，折其中。

20. **腰死**：不會動腰，死板一塊。防治：活腰，塌腰，鬆腰，轉腰。

21. **繃胯**：胯鬆不下，即大腿根處凹不進去，總是向前繃，這樣，腰勁就難以靈活運化。防治：鬆胯的要領在於塌腰，而塌腰必鬆胯。打拳時腰後坐，轉腰時，要讓大腿根處凹進去，鬆下來，不可繃直。讓小腹肌與大腿根的肌肉相連，特別在轉換重心時。

22. **蕩襠**：襠太低。防治：襠要虛，要撐圓，低不過膝，仆步除外。大小腿彎處不能小於90°。

23. **夾襠**：襠不虛圓。防治：會陰穴放鬆，兩膝裏合，兩大腿內側肌有向後外翻之意。襠部如橋拱，總是半圓形，不能人字形。

24. **敞襠**：襠開，膝不合。防治：兩膝常常裏扣。

25. **拔根**：腳跟離地，氣易上浮。防治：注意氣沉丹田，五趾抓地，湧泉穴空，如樹根紮地。「足穩則身不可

搖」。發勁時，堅持左發右踏、右發左踏之原則，瞻前顧後。

26. **喝風**：腳掌外緣離地。防治：同25。

27. **擰鑽子**：腳亂動，抓不住地，根基不牢。防治：同25。「擰鑽子拔跟，傳授不真」。

28. **低頭**：不懂「虛領頂勁」乃是太極拳之綱。「低頭彎腰，傳授不高」。「丟掉頂頭懸，白練三十年」。防治：下頜裏收，眼平視，頭部端正，不可低頭，歪頭，晃頭。

29. **仰額**。防治：同28。

30. **晃腦，歪脖**。防治：同28。

31. **眼呆**：不知目之所向。防治：眼看對方，顧視左右。「眼不旁視，足證心不二用」「百拳之法，眼為先鋒」。意念一動，眼神先動。

32. **怒目**：精神緊張。

33. **張口**。

34. **吐舌**。

35. **繃嘴**。

36. **努嘴**。

37. **皺眉**。

38. **胸悶**：氣上浮，或閉口運氣發勁。

39. **手顫**：緊張或腰勁出不來而故意追求梢節彈抖勁。防治：注意起之於足，行之於腿，主宰於腰，行之於手。節節貫穿，從根到梢貫通一氣。

40. **單擺浮擱**：身法不正。

41. **前俯後仰**。

42. **左右歪斜**。

43. **忽高忽低**。防治：升中有沉，沉中有升。

44. **雙重**：分不清虛實。

45. **斷續**：勁斷，動作不連貫，不能一氣呵成。防治：意斷勁連，著著貫穿。

46. **凸凹**：圈弧不圓。氣勢不飽滿為凹，動作越出方圓為凸。

47. **缺陷**：動作丟缺，纏絲勁丟缺，內勁丟缺。

48. **不到位**：動作、內勁、眼神等等不到位。

49. **扛重心**：倒換重心時，不懂襠走下弧，直線扛過來。

50. **神弛**：精神不集中，心不靜。

我們在此把練太極拳的過程中幾點最常見、最容易犯的錯再特別強調一下：

一是急於學多的動作，造成動作規格練得不紮實，不到位。動作做得不充分，勁力沒展開，效果就不充分。克

正確領悟太極拳要領就能取得良好的鍛鍊效果

服這一點的關鍵在開始學習時不要急於追求動作的數量，要求品質，而且始終僅僅抓住規格這個要點，貫穿於練拳的全過程。

常見錯誤之二是練拳時心不靜。太極拳是身心並練的運動，心靜則氣順，前人在說及修養時有話叫「偷得浮生半日閑」，我們在練拳時要偷得半小時閑，拋開一切雜念，專心練拳。太極拳區別於其他運動的特點之一是對性情、心境的陶冶。

第三個常見錯誤是套路不連貫。每個動作倒是做得不錯，但動作與動作之間的連續性平滑不夠。太極拳的套路是一個完整的整體，不是一個一個實體的連接，轉折處處理不好，拳的韻味就出不來，你練得也就不舒服。所以要細心研究每個式子之間的連帶關係，認真處理好過渡，這樣太極拳就成了一個圓。

第四個常見錯誤是僵硬。有的人柔軟性不夠，練拳時硬來硬去，好像長拳慢練。要克服這一點，可以先練一兩個單式，反覆把太極的感覺練出來，再練其他動作。

第五個常見錯誤是「軟」，有的專家稱之為「病態練拳」。太極拳柔和歸柔和，但它畢竟是武術，是「柔中寓剛」，人越練越精神，您越練越萎靡不振就不對了。所以練太極拳時儘管「靜」，儘管「鬆」「柔」，但「靜中生動」，鬆柔中含張力，精神飽滿，精力充盈的，術語叫精神能「提得起」。

第六個常見錯誤就是交代不清。交代不清是練拳者對身體各部分的位置、路線不很明瞭。太極拳走的是圓形，動作在空間上沒有像算術那樣精確地以幾度幾度來定位，

那樣就死板了。但行拳的手、眼、身、法、步還是非常清晰的,你不能比劃個大概。特別是學習初期,寧可失之板,不可失之亂。練的功夫深厚了,有的老拳師圈越練越小,重意不重形,那是高級境界的事。

三十六、風雨天能練太極拳嗎?

練太極拳是一個養生活動,要避風避寒。拳諺中說:「避風如避箭。」所以刮大風時不宜練習太極拳。因為練拳時全身內外放鬆,有時還會有一定程度的出汗,如果在風中,很容易受涼感冒。中醫上叫做「外邪入中」。下雨天時,如果穿的衣服多一些,不至於受涼,而且不是在露天下受到雨淋,還是可以練習的。但不建議雷雨天練太極拳,有一定的危險性。過去流傳一種說法,認為雷雨天練武術能提高功夫,這是沒有科學根據的。

適宜的天氣氣候練拳效果更佳
(示範:劉玉蘭)

三十七、患了慢性病的人是否可以練習太極拳？

　　太極拳是一種非常柔和的運動，既有強身健身的效果，對於慢性病的恢復也有很好的輔助作用，可以逐步增強病人體質，所以中醫學把太極拳納入康復保健的體系之中，作為重要的理療手段。現在中國很多療養院、康復醫院都引入了太極拳鍛鍊手段。但太極拳不能代替中西醫治療，慢性病應首先是在醫生的正確護理下，進行科學的治療。

　　慢性病人練習太極拳，要根據具體是何種慢性病來選擇適當的太極拳種。一般慢性病患者應選擇較舒緩、起伏小的拳種，如24式簡化太極拳。還要根據具體的身體狀況有針對性地練習。慢性病有很多種，不同類型的慢性病有不同的特點，某些特殊種類的慢性病恐怕就需要特殊的關照。比如下肢活動不便，當然就不能像平時練太極拳那樣蹲得那麼深，甚至還可以坐著只做上肢的練習，要因人而異。

太極拳是優秀的健身方法
（示範：闊芳）

　　一般的慢性病，比如心臟

方面的、呼吸方面的、神經方面的，在打太極拳的過程中沒有什麼需要特殊注意的，只要依照要領做就可以。

其實現在有相當一部分打太極拳的人可能是慢性病患者，他們已經把太極拳作為一種治療慢性病的手段，所以不是可以打不可以打的問題，而是如何打好的問題，講究方法的問題。如果你的慢性病是下肢的關節炎，並且已經很厲害了，那麼在做屈蹲、蹬腿的時候當然就要減低一點兒了，不要讓它的負荷太重。慢性病如果僅僅依靠藥物治療，不是一個積極的方法，應該配合一些舒緩的運動，現在很多的醫療機構已經把太極拳作為一種慢性病康復的醫療手段，並且取得了很好的成效。

三十八、如何看太極拳輔導書和音像製品進行學習提高？

隨著社會的發展，傳統的太極拳功夫的傳播方式也在發生著變化。從過去的深宅庭院走向今天的廣大城市鄉村，從過去的口傳身授到現在的立體化、現代化的教學方式，太極拳也在「與時俱進」。進入21世紀，有關太極拳的圖書、音像出版很多，看書、看碟成為許多人學習太極拳的重要方式。

首先，注意選擇性。現在太極拳的書和錄影、光碟由於品種繁多，那麼選擇比較權威、準確的來進行學習，是練好太極拳的重要前提。

第二，看書和音像資料自學時一個有效的方法，是注

意把學習的動作名稱要記住。這雖然是一個細節，但不要小看這一點，很多練了多年太極拳的人還不能把每個動作的名稱說全，或不能完全把動作和名稱對應上，這就妨礙了套路的連貫性。記住名稱有助於記動作，有的人還在練習過程中把動作名稱大聲說出來，事實證明這是有助於學習的，特別是對於初學者更有意義。

練太極拳要注重整體性
（示範：楊振國）

第三，看書學習時要搞清動作的方向，每種書寫作的方式、角度不一樣，有時方向的闡述文字不太一樣，要注意體會，和書中示意圖人物的動作方向的一致性要弄明白。開始練習時不要看一句學一動，而是先把整個動作的說明看一遍，瞭解整體動作的梗概，再一動一動學。對於每個拳式的方向性要特別關注，有一個檢測方法，就是練一段後，對照一下書中的方向，應該自始至終都吻合。

第四，學動作要重視整體性。對一些關鍵的說明文字反覆多看幾遍，理解準確。對於難度較大的動作，開始可以分解來學，比如先練上肢動作，再練下肢動作，最後把它們整體協調一致來練。

第五，發揮錄影的優勢，反覆觀看。除了上述一些要點之外，還要注意反覆多看，前幾遍可以重點先看局部，再幾遍看整個動作，再看動作之間的連接，再看整個套路

的韻味。

三十九、什麼是太極拳的內功？

中國武術的一個特點就是練內，拳諺說「內練一口氣，外練筋骨皮」。有的人把太極拳和形意拳、八卦掌等分為內家拳，就是它們尤其注重練內。太極拳的內功就是它對於人體生命內在元素的鍛鍊方式。

從總體上來說，太極拳套路就是一套內功拳，因為它的要領處處都強調「內」的因素，如果你只重外形，那是「太極操」。

具體來說，太極拳有一些更為鮮明的「內功」要素，主要有幾方面：

一是樁功，練太極拳要站樁，站樁的目的在於養氣之用，「吾善養吾浩然之氣」。以外靜觸發內動，站樁對練拳十分重要，「未曾打拳先站樁」，這是一個內功鍛鍊的必要程序。

二是行氣法，在行拳中側重導引行氣，鼓蕩全身。每一個動作不可隨隨便便一帶而過，每一勢有一勢的行氣路線

站樁是練習太極拳內功的一種重要方式（示範：馮志明）

和作用，一舉動周身都要輕靈，就是脫離皮毛的束縛，以氣運身。達到「氣遍身軀不稍滯」的效果。

三是吐納法，將呼吸和練拳相配合。

四是專門練內功套路。在一些傳統和現代的套路中，還有拳家專門編定的以精氣神為主要目的的套路。

五是靜坐法。專門修養心性，體查內氣，鬆體安神。靜坐是中國傳統內練的代表性練功方法，形式簡單，內涵深刻，應該在老師的指導下練習。

太極拳的內功鍛鍊，最核心的是用練內的方式來練套路，在每個拳式中都體現出練內的要求。比如，每一式都有明確的意念活動方式，這些意念活動有的是固定的，比如技擊方面的，有的是不確定的，是一種自然的意念假借，一種意境，這些在練習時都要搞明白，弄清楚。再有，就是每一式都有導引行氣的作用，要明白它的原理、目的，以提高鍛鍊成效。

四十、以健身爲目的練習太極拳套路時還要有技擊意識嗎？

太極拳是武術的一個拳種，技擊是武術的本質，所以練太極拳就要具備技擊意識，否則就喪失太極拳的最根本的屬性。既然是武術，太極拳的動作、意識、結構都是圍繞著技擊來展開的，如果沒有技擊意識，你也不可能充分理解太極拳的精髓，體會不到它的精妙之處，達不到健身的效果。所以，即使僅僅為了健身，練太極拳也要每個動

太極推手

作都具有技擊意識。

四十一、太極拳能自學嗎？

過去說「太極十年不出門」，表示太極拳很難練好。這一是說明其內涵豐富，再者過去由於條件所限，師傅也比較保守等原因所致。從現代社會的條件看，從健身的角度來說，太極拳是能夠自學的，這是因為幾個方面的原因：

一是太極拳已經是為大多數人所知的一種運動形態，大家對它多少有點瞭解，風格上有所熟悉。

二是有許多出版物可供參考，不僅有文字的，還有音像，另外還有很多途徑能接觸一些老師、同學進行交流、請教。只要自己用心，太極拳是可以自學的。

第三，每個地方，在我們周圍，都有許多練習太極拳的人，三人行，必有我師，在自學中可以與許多人進行交

流、探討，不斷提高。

但自學中還是要注意一些方法。首先，不要急於馬上比劃動作，先看一看別人練習，揣摩一番，不管你是上公園去看，還是在家裏看錄影，看光碟，先得「整體」，再劃「局部」。再者，就是要學會看書，要先弄明白一些專有詞語的含義，以及太極拳動作解說文字的規律，熟悉一些說法，便於準確理解圖書中傳遞的要

（示範：李德印）

領。第三，初學動作時，可以先分解學會，再整個合成。在學動作中有兩點特別重要，一點是剛開始時進度一定要慢，仔細琢磨，學習幾個動作後，會越來越快，越好掌握，把開始的「模子」打好。第二點，就是每個動作的變化中一定要把方向搞清楚。自學時有條件最好是一遍一遍看老師、特別是名家明師的示範影片，過去說「拳打千遍，其義自現」，拳要看千遍，其法也能明。

四十二、能同時練兩種或多種太極拳式子嗎？

太極拳既然分為不同的流派，肯定在風格上有所區別，但同為太極拳一個拳種，在鍛鍊方式、方法上有很大

李經梧陳式太極拳勢

的共性。

在傳統教學中，許多老師是堅決反對同時練兩種以上的太極拳的，認為這樣容易把不同流派的太極拳風格搞混。對於初學者，是應該堅持要先練好一種太極拳，如果對其他流派風格太極拳有興趣，在練好一種式子太極拳的基礎上，適當地對其他流派的太極拳加以瞭解、相互印證是可以的，甚至其他拳種的武術也都可以練一練，體驗一下。

過去老武術家中不乏這樣的成功例證，有的拳家從不同的拳法中還悟到很多新東西。如太極名家李經梧就兼練陳式、吳式太極拳，並從中悟出自己獨特的東西。

但要注意，在初學時不應這樣做，最好集中精神先練好一種式子，否則練成四不像就不對了。

四十三、以前練過別的拳種，練太極拳有什麼要注意的嗎？

首先要找出太極拳和你以前所練拳種的不同點在什麼地方，一定要找到不同之後再下手練太極拳，否則就容易自然地將過去練的拳的感覺帶到太極拳中。找到不同點

了，特別是最主要的不同點，你就會有意識地避免、區別。

在學習太極拳的開始相當一段時間內，先不要同時再練你以前學過的拳種，否則就會把太極拳往以前學的拳種上「帶」。中國武術中，每個拳種之間「勁」的區別是一個很主要的分水嶺，所以要特別在太極拳勁力上下工夫。體驗套路的動作外形

認真觀摩名家明師示範是學習太極拳的重要方法（示範：田秋信）

好區別，只要把「勁」搞清楚，其他就好辦一些了。

練過別的拳種，開始練太極拳時，最重要的是多在「鬆」上下工夫。從鬆柔入手是一個根本性的改變，得鬆柔者得太極。抓住了這個轉折變化，就能抓住主要矛盾。

四十四、什麼是簡化太極拳？它和傳統 太極拳的關係是怎樣的？

簡化太極拳是為了推廣的方便，為了讓更多的人更方便地學習太極拳而對傳統太極拳進行的改造，是建立在傳統太極拳的基礎之上的。所以，傳統太極拳的精髓不能丟，式子簡化，要領不能簡化，動作可以減少，但每個動

作內部的結構不能破壞，要保持完整性。簡化太極拳相對傳統太極拳而言，只是「量」的變化，沒有「質」的變化，練習時要求上更不能「偷工減料」。現在有很多太極拳流派為適應社會的發展需要都有了簡化套路，最著名、最成功的就是「24式簡化太極拳」。

24式太極拳是20世紀50年代由國家體委組織武術專家編定的一套主要用於推廣的太極拳套路，很多人入門練習選學的主要套路。它以傳統楊式太極拳為主要基礎，提取了一些典型動作組合而成。由於它包含了太極拳的基本技術、方法，簡單易學、易記，受到群眾廣泛歡迎，是當今世界上流傳最廣的太極拳套路。

世界太極拳冠軍邱慧芳演示簡化太極拳

四十五、太極拳健身需要把拳架子練得很好看嗎？

首先我們要認識一個前提，即太極拳是美的。

不同的人練太極拳姿勢不一樣。有的人練的看上去很優美，有的人練的就覺得不自然。其實這不僅是個美觀的問題，太極拳本身是具有美感的，有的外國藝術家把它稱

為「東方的芭蕾」。太極拳是結合人體的特點，它的美是多角度的，有精神上的美、有造型上的美、有節奏上的美等等，在套路編排上就有對稱之美、平衡之美。在招式上有許多仿生動作，加以改造後的動物運動形態模仿，有自然之美。還有一種特別的意境之美。太極拳練對了，優美的形態基本就具備了，自然就美，肯定美，不用刻意去求架子的美觀。但還有個神韻問題，每種太極拳流派的風格不一樣，「風格即美」，把風格練出來，就有韻味了。因為每種太極拳在形成過程中，動作及要領都是千錘百煉的，都是以形神兼備為要則。把太極拳的神采練出來就好看，自己有精神上的享受，別人看起來有內在的美。

　　傳統太極拳論是闡述要領的，如果注意體會，很多也涉及到美學概念，落實要領就是實現美感，所以也要注意實踐拳論中的境界。每種藝術形式表現的美都不一樣，如果你為了追求舞蹈的美，把太極拳的動作改成了舞蹈，那就不對味了。所以只需要按照太極拳健身要領去練習，拳架子自然美觀。當然，在練習熟練之後，有意識在演練，特別是在表演之時加進去一些表現化的因素也是可以的。

　　我們要避免兩種偏頗的傾向，一種是單純追求形式美，而損害太極拳的內在要領。另一種是否定太極拳的美，認為真功夫

吳鑒泉太極拳勢內涵豐富，架式優美

就是難看的架子，這也是不對的。我們觀摩許多前輩大家，他們的太極拳動作就是既有內含又身具美感的。

四十六、每次練完太極拳覺得較為疲勞對嗎？

太極拳雖然「柔和」，但不軟，更不萎靡。練習時雖然緩慢，但精神飽滿。練習完畢，有一定的體力消耗，神氣應愈發清爽。如果練完感覺疲勞，你要看是因為正常的體力性消耗原因，還是精神疲勞。如果是前者，就是正常的，休息一段時間自然就好，而且體力尤勝從前。如果是後者就不太對了，就需要找原因了。即使是體力性疲勞，如果是經常性的，每次都這樣，也是不正常的。

太極拳雖柔和但精神飽滿（示範：李德印）

練太極拳形成不正常疲勞的原因是由於在練習中消耗神氣造成的，這主要來源於兩方面，一是身體姿勢不正確，造成形體緊張，再者就是精神狀態不放鬆，總是提著氣，不能沉下去，練習時間越長，就越感到疲勞。

四十七、練太極拳架勢高些好還是低些好？

太極拳架式高低沒有絕對標準，總的來說有兩點：一是因人而異，一是因拳而異。

因人就是看練拳者的目的，身體狀況。如果練拳是以技擊為主要目的，架式就要多練低些的，增強勁力，強化勁力運用。如果以健身為主要目的，架式可高可低。年齡大的

低架練拳（示範：世界冠軍崔文娟）

人、體質較弱的，可以稍高一點。年輕一些、體力好些的人可以低些。低的架子運動量會大一些，體力消耗也大些。

因拳而異，就是要看拳法套路的要求。有的太極拳套路要求上就不能太低，有的則必須低些才能達到要求。練哪一式的太極拳必須要服從要求。在一些太極拳流派中，還傳承有很低架勢的套路，有的人甚至用「在八仙桌下練拳」來形容這種套路。

四十八、練太極拳出汗好還是不出汗好？

不能以是否出汗來衡量太極拳的鍛鍊效果。練太極拳是否出汗和你練習時的運動量有關，與你練拳的時間長短、練習時架子的高低、練習過程中的節奏安排等都有關係。一般來說，練太極拳不提倡大量出汗，如果要領正確，練完後應該是身體微微發熱，有通透的感覺。

有一點要特別注意，練太極拳時如果出汗，要注意防風。

四十九、競賽太極拳套路健身效果如何？它和傳統太極拳有何區別？

大家通常所說的「競賽太極拳」是指國家體育部門編定、指定的太極拳競賽套路和自選創編套路。它同樣具有

健身效果。不應把它和傳統太極拳對立起來。因為競賽太極拳規定套路的編定是為了現代體育競技的需要，為了競賽的規範性，適當採取一定的形式，它的根源還是傳統太極拳，在編定的過程中也是邀請了許多傳統太極拳家共同參與編創的。傳統太極拳中的精華的、具有代表性的動作都吸收到了競賽套路中，它在理論上、在要領上和傳統太極拳套路要求是一致的，只是在動作要求上具有一定的難度。

四十二式太極拳競賽套路
（示範：邱慧芳）

　　在傳統太極拳套路中，一般都有八十多個以上的動作，而競賽太極拳套路則進行了簡化，也分有陳、楊、吳、孫等式，所以有的太極拳愛好者即使不參加比賽，也喜歡練一練競賽套路，比較簡便，同樣起到很好的鍛鍊效果。

　　太極拳競賽是太極拳發展的一種重要形式。太極拳過去一直在民間流傳，後來在社會上成立了一些太極拳社等組

太極拳新編自選套路
（示範：崔文娟）

織，也在社會上傳授。新中國成立後，國家體育部門對太極拳等武術拳種進行了挖掘、改造，並逐漸將其列為體育比賽項目，對推動太極拳的發展起到積極作用。太極拳的比賽也是逐步規範起來的，並且不斷革新變化，開始時的競賽套路都是自選，後來有了統一的規定套路。

太極拳比賽一般有規定的時間，要在一定的時間內完成全部套路。比賽採用10分制的打分辦法，根據動作規格、勁力與協調、精神與氣韻等因素打分。隨著各種太極拳競賽活動的發展，後來又允許在太極拳比賽中採用新編的自選套路。太極拳的比賽還分為拳術和器械進行，現在在一些社會化的太極拳活動中還有集體太極拳比賽。

五十、什麼是太極拳的「十要」？

楊澄甫太極拳勢

太極拳的「十要」是著名太極拳家楊澄甫提出來的，概括了太極拳的十項基本要求，並加以解說，是練習太極拳，特別是楊式太極拳的重要指導性原則。「十要」分別是：虛靈頂勁、含胸拔背、鬆腰、分虛實、沉肩墜肘、用意不用力、上下相隨、內外相合、相連不斷、動中求靜。

在其他流派的太極拳中，雖然有些說法不完全一致，但上述十要的內容基本都貫穿在太極拳的練習始終。

五十一、爲什麼說太極拳能健身？

太極拳之所以廣泛流傳，最重要的原因就是它具有良好的健身作用。這不僅為廣大群眾的實踐所證明，也符合健身的科學原理。多年來很多體育工作者、醫學家、科學家進行了大量研究，從傳統的養生、中醫學和現代醫學等方面都論證了太極拳健身的科學性。其中一些主要原理有：

1. 精神的頤養作用

對人的情志、心理有良好的調和作用。太極拳練習時要求心平氣和，不急不躁，這使得人能夠在一個良好的生命狀態中把握自身的運動規律。太極拳練習要求鬆、靜、空、靈，能夠陶冶人超然脫俗的心境。中醫學研究表明，人的心志平和，內耗就減少，有助於生命的健康長壽。反其道而行者往往問題較多。因為多欲之人必多求，多求之人必貪飲、貪食、多憂、多慮、多思、多惱、多驚、多恐，凡欲有多必傷。中醫認為，哀傷神、怒傷肝、憂傷肺、思傷脾、慮傷心、恐傷腎、食多傷胃，各種欲望久而不節者不擊自斃。太極拳的鍛鍊過程就是調節心性的過程。行功走架時，身心各部講究鬆、靜、空、靈，舉手投足、身形變換貴在順其自然，故而進退往來狀若行雲流

太極有頤養精神作用（示範：孫永田）

水，身心俱佳。

2. 呼吸方式科學

太極拳的首要呼吸原則是自然，它強調在平和的狀態下進行有節律的呼吸，這樣就調整、糾正了日常一些憋氣、努氣的不良呼吸方式。人每時每刻都在進行呼吸活動，如果養成良好的呼吸方法對健康具有重要意義。太極拳練習還有一種「腹式呼吸」，要求氣下沉，這樣氣息就穩定。另一種呼吸方式是意念引導的周身運行，呼吸配合意念，如吸氣時內氣沿脊椎督脈上行，呼氣時內氣沿前胸任脈下沉，小腹則是吸凹呼凸。這種呼吸鍛鍊擴大了肺活量。

科學實驗表明，肺活量的大小與力量的大小及生命長短成正比。諸如，人體處於睡眠狀態，呼吸深、細、勻、長的必是強健者，而呼吸短促無力或長、短不勻者，非病即弱無疑。呼吸波的長短、粗細是一個人體質強弱的標誌。所以說，太極拳健身在呼吸上很是注重。

3. 促進氣血運轉

太極拳練習能夠促進血液循環，太極拳鍛鍊要氣達梢節。人體從外形的四肢八節、筋骨皮到內在的五臟六腑、精氣神，都離不開血液的滋補潤澤。良好的血液循環、充盈的血液供給，既是人體各部功能正常運行的基本保障，

也是決定人體生命長短的根本條件。太極拳行功走架，豎項貫頂，虛領頂勁，氣沉丹田，以意導氣，以氣運身，內氣上至百會、下通湧泉、達於四梢，促進了血液循環，還疏通了經絡，加快了循環頻率，大動脈暢通無阻，毛細血管經久不衰，四肢百骸肌膚延緩了老化。長期堅持太極拳鍛鍊，則氣血飽滿，健康長壽。

4. 促進新陳代謝，使汗腺通暢

醫學研究表明，人體新陳代謝所產生的廢物，除通過眼、耳、鼻、口七竅和穀道排泄外，機體內分泌主要靠汗腺外排。除此，汗毛與汗毛孔尚具有保溫、散熱的自然調節功能。因此，中醫有「汗腺通則百病不侵，汗腺堵則亂病纏身」一說。

太極拳的鍛鍊，講究開合導引，動作弧形，多屈伸縱放，能夠有效地導引肌膚的膨縮和毛孔的張閉，較好地保持了肌膚的純潔性和通透性。內分泌管道暢通，病毒垃圾不易滯留，故而小病不生、大病不長。

5. 運動適度，保持了人體能的中和態

太極拳鍛鍊，不過激，講適度。適度的鍛鍊才是健康之道。適度的一個具體表現就是動靜結合。如果單純的動，特別是超負荷的劇烈運動，會使機體疲化早衰；而單純的靜，往往消化不良，食欲不振，四肢乏力，精神萎靡，病氣易侵。太極拳以動態的行拳，又強調放鬆入靜，這種獨特運動方式，對保持人體機能的中和平衡態量為適宜，故而久練可使人延年。

6. 整體協調發展

太極拳鍛鍊強化了對稱運動，彌補了人體機能後天不

動靜結合的養生之道
（示範：周夢華）

足。人們在日常生活、工作中，有意或無意地形成了諸多習慣定勢。這些習慣定勢一方面提高了動作效率，一方面也釀成了人體運動的缺陷，許多看似習慣的動作，多屬單向偏頗運動。這種外形的單向運動，天長日久，使大腦中樞神經減弱了逆向調節功能，由此勢必導致人體內部機能的左右失衡。右強則左弱，左強則右弱，強者易瘦，弱者易病。

太極拳的動作及套路構造，十分講究對稱，每個單式的行功，外形有對稱，內含意念也有對稱，拳譜講「有上即有下」「有左必有右」，招式左右互換、身形上下互補、形成內外如一的對稱運動。抽招換式強調欲左先右、欲上先下；發力時，講求前吐後撐、上枯下踩。周身上下對立統一、渾然一體，從而有效強化大腦的逆向調節功能，保持人體運動的整體協調與平衡發展，克服單向運動致病的缺陷。

7. 柔和運動，延緩老化

無論是從自然界的動、植物看，還是從人類自身的生態發展過程看，凡是生命力旺盛者，其肢體或肢幹都具有良好的柔韌性；凡是行將死亡的有機體，都會變得僵硬，枯萎。就人體而言，老年人骨質疏鬆發脆、關節旋轉不靈、韌帶鬆弛、血管乾癟等，無不是失去柔韌性的結果。

太極拳健身效果已為實踐和科學研究所證明

欲使人體康壯不衰，就必須使周身筋骨皮保持良好的彈性。太極拳行功走架，旋指、旋腕、旋膀、旋腰，撐襠開胯，抻筋拔骨，纏繞擰翻，所有招式動作，無不在劃弧走圓中完成。這種螺旋運動的內含，其實就在於強化周身筋、骨、皮及其內臟各部器官的彈性，從而延長壽命。

8. 鍛鍊神經系統

太極拳講究「用意不用力」，有效提高了神經系統的敏感度。人體衰老，最先發於神經系統的萎縮和衰竭。人體的所有功能都源於十餘萬條神經的作用。任何一條神經的萎縮，都將直接導致人體某一器官功能的下降。

太極拳的重要特點就是練意，重意不重形、以意念支配形體的運動。太極拳行功走架，全神貫注，以意導氣，所有外形變化，一招一式無不講求意在身先，意不動身不動，意動身隨，意靜形止。這種鍛鍊方式延緩了神經的老化，增強了生命活力。

五十二、如何教好太極拳？

在太極拳的普及中，師資力量是一個很大的因素。經常會有很多人反映，想學太極拳找不到好的老師。一個優秀的太極拳教師必須具備一系列良好素質，其中包括掌握精確的太極拳技術，因為你要教人，自己練不好肯定不行，你的示範動作有毛病，就耽誤了一批人。還要對太極拳的理論有很通透的理解，不明理你講不清楚，過去說「會練的是笨把式，會說的是巧把式」，又會練又會說就是好把式了。還要有耐心，有服務的赤誠之心，否則你不耐煩給人講，或者講得粗枝大葉，也不行。另外就要注意一些教法了，教法正確學員學習的效果就會好。有的專家根據實踐總結了太極拳的若干種有效教學方法：

1.先「根」後「梢」法

拳理認為：「太極拳，其根在腳，發於腿，主宰於腰而形於手指。」實踐證明，腳步掌握得正確與否是學好太極拳的關鍵。因此將示範與講解的重點首先放在腳上。

太極拳的步型、手法不是很多，又經常重複出現，容易鞏固。先掌握了步型步法，再比劃手，再要求手、眼配合，效果就比較理想。

2.完整──分解──再完整

教師熟練、優美、正確的示範，能引起學生學習的興趣和對美的追求。為了使學生正確掌握動作要領，必須重

教練太極拳場景（示範：趙幼斌）

視動作的分解。要一個動作一個動作地學，一個動作不會，不要急於教下一個動作。要反覆體味，才能消化和理解動作。在此基礎上，再進一步把這一個一個分解動作完整地串聯起來。

3. 形象講解

動作與名稱是有寓義的。比如「白鶴亮翅」就是白色的仙鶴展翅欲飛之勢；「雲手」，手的運行如浮雲飄動，和緩而寧靜；又如「高探馬」，就是攻擊面部的一種技法；「搬攔捶」，搬攔是防守動作，捶是還擊動作，合在一起就是防守還擊法。這樣講解，學生就易於理解其內容，又便於記憶。

4. 重複法

重複練習是建立正確動力定型的重要方法。重複不僅可加強記憶，也能促進學練的樂趣，還可能變為學練的自覺性。所以，整個教學中都要強調重複練習。重複練習

時，可以是集體的、個人的，也可以是分段的或單個的。

5. 互教法

帶著教別人的任務去學習，教學的態度和品質都會收到良好的效果，讓學員們互教互學，教學相長。實踐證明，互教的方法不僅可帶動其他同伴來學練太極拳，對提高自己的水準也有幫助。

6. 想練結合法

太極拳講究呼吸自然、用意識引導動作，是「大腦支配下的意氣運動」。要求心指揮形，而形又要表現出心的意境，從而起到「身心合一，內外兼修」的作用。

運用想練結合的方法，就是讓學生聚精會神地看老師演練，然後閉目把老師的演練認真想一遍。接著，自己用意識思維按老師的要求一招一式地練拳，然後再睜開眼睛實踐練習。這種用「思維」學練拳術的方法，是一種很好的訓練方法。

五十三、練習太極拳如何排除雜念？

排除雜念是很多初學者要面對的問題，很多人練拳時雜念叢生。排除不了雜念就不能有效地運用意識，起不到「用意不用力」的作用。排除雜念開始可以運用以下幾種方法：

1. 關注動作

把思想意識集中到拳式動作上來，手腳如何運行，方

排除雜念才能實現內練效果（示範：傅聲遠）

向怎麼變化，多想動作，特別是一些新學的動作容易集中注意力。

2. 注意呼吸

把意識注意到呼吸上，有的人甚至採取數呼吸的辦法。隨著呼吸的逐漸平和，意識也逐漸平靜下來。

3. 清除干擾因素

練拳前把牽涉注意力較大的事情如工作安排等處理好，或者在內心上處理好，有一個條理，避免練拳過程中時時牽掛。

4. 進行一些針對性專門訓練

如站樁、靜坐等，培養集中注意力的習慣。

練拳時排除了雜念才能提供一個乾淨的心理環境，能夠在輕鬆愉快的狀態中鍛鍊，實現「內練」的目的。但要注意，排除雜念不可用意過重，否則為排除雜念而生出新的「雜念」就適得其反了。

五十四、什麼是氣沉丹田？

丹田是中國傳統養生學的術語，很多太極拳理論著作中加以借用，在傳統拳論中也多有涉及。丹田分三種，分別為上、中、下三丹田，在不同的位置。通常認為：上丹田在頭上眉心之間，中丹田在胸部中間，下丹田在肚臍下。上、中、下三丹田是相互作用的，太極拳論中都分別有涉及，一般所說的氣沉丹田指的是下丹田。

氣沉丹田在太極拳理論中說得比較多，要準確理解。氣沉丹田是一個自然的過程，不可刻意追求，否則容易出問題。怎麼達到？最簡單的一個辦法，就是依照要領把動作做準確，身體中正、全身放鬆，用意念稍稍引導一下，將氣沉入腹部即可。隨著功夫的提高，可逐漸加入配合呼吸等因素。氣沉丹田的關鍵在意念引導，所以心要靜，心不靜難以達到效果。此外，外形動作要準確，外形不對，沒法做到氣沉丹田，還容易憋氣。

氣沉丹田（示範：李龍舜）

也有一些太極拳家認為，氣沉丹田不應該刻意強調，過

分要求氣沉丹田容易形成氣滯，不能夠達到「周身輕靈」。

五十五、什麼是丹田內轉？

　　丹田內轉是一些太極拳練習中的要求。是以丹田為核心，內氣鼓蕩旋轉，帶動肢體運轉，協調全身，使運動由內及外，既靈活了四肢，又按摩了內臟，暢通血脈。在健身上增強消化系統的吸收和排泄功能，對消化系統有明顯的防治效果，特別是對腹脹、便泌、腸黏連等更有獨特療效。丹田內轉也是練整體勁的捷徑，即學太極拳架式時，要以丹田轉動為基點，帶動腰轉、胯轉、身轉、手和腳轉，使手眼身法步協調平衡，虛實分明，連貫圓活，剛柔相濟，勁力完整，這樣拳藝才有登堂入室的可能。

　　丹田內轉的練習，主要目的是使得內氣鼓蕩，充盈全身，但又沉著充實，不虛浮，不躁動。丹田內轉的練習是行拳的一種整體性鍛鍊，不能只是局部的動。另外，要特別體驗這個「內」字，不要轉了外面的形，內裏沒有效果。

丹田內轉（示範馮志強）

五十六、如何理解太極拳的「空」？

太極拳的「空」指的是一種境界，是鬆柔到極致後的一種狀態，這時身體沒有任何緊張點，沒有拙力，不留力，不耗力，內氣流行無礙，意念不僵不滯。因此「空」是很多練拳人追求的一種目標。它不是一種「虛無」，正確理解「空」，是實現「空」的目標的前提。

在傳統太極拳論中有一首《授密歌》是論述「空」比較透徹的文獻。要理解「空」可以認真地研讀一下這篇拳論，會大有益處。

空是一種境界（示範：祝大彤）

《授密歌》相傳為唐代李道子所傳，全文為：「無形無象，全身透空。應物自然，西山懸磬。虎吼猿鳴，泉清水靜。翻江攪海，盡性立命。」它強調了「空」應該是一種自然狀態，是超越形式之上的感覺，它是整體性的空，不是局部的，空的意義不是虛無的沒有，而是充實的「清」「靜」，達到了「空」就去除了身體內外的很多消耗性的、不乾淨的

因素，節約了生命能量，是「盡性立命」的圭旨。

五十七、如何處理好太極拳的動與靜的關係？

　　太極拳整套拳都要處理好動靜關係，每一式子也有動靜問題。理解了動靜，處理好動靜，拳就練得有內涵。

　　太極拳的「靜」一是心靜，平和，這是太極拳靜的本質，沒有這個靜，就沒有登堂入室。

　　另一個就是「拳靜」，拳靜不是不動，是要勻，要圓。不圓見棱見角就不靜。

　　太極拳的動，是一種「勢」，是指肢體的運動的趨勢的動態變化。太極拳的動靜關係是「動中求靜，靜中寓動」。動是絕對的，在動中要體會出平衡感，就是靜。所以每一動就要合乎規律，一出手就有法度，不隨意動，可以說「靜是一種有規律的動」。要做到此，必須將意念貫注於動作之中，最後忘了自我，忘了動作，自然而然，神舒體安，這就是「靜」的大境界了，也是養生的大境界。

處理好動靜關係太極拳才有內涵（示範：田秋信）

五十八、如何練好太極劍？

太極劍是太極拳的典型器械。練好劍，應該是在練好拳的基礎上。最好是要先學習一段時間的太極拳，然後再學習太極劍。此外注意以下幾點：

1. 熟練掌握基本劍法

劍法是劍的基本運用方法，是劍術套路的基本元素，一些劍的基本功要先練好，單獨提出來練，之後才能在套路中串起來。劍論說「劍是手臂的延長」，怎麼延長的，什麼感覺？要達到像運用手臂一樣運用劍，就自如了。

2. 要分析區別劍術動作和太極拳動作的異同

同在哪裏？動作外形如何相似，內勁如何相似，搞清楚。不同在哪裏？力點、轉換方式？不要練得拳、劍不分。

3. 對步法尤其注意

太極劍因為多了器械，運動空間加大，手上有劍，容易集中意識，腳下的難度加大，所以對步法的變換要很清楚，路線要清，邁步的角度、方式更要清楚。

世界冠軍孔祥東演示太極劍

4. 注意連貫、緊湊

劍身一長，練習容易散亂，開出去相對容易一些，收回來章法要嚴謹、從容。要保持圓弧運轉，不可直來直去。

5. 身劍合一

練習時把劍當做自己身體的一部分，不能當成負擔。意念要貫注於劍上。劍隨人走，人隨劍行。

太極劍是典型的太極器械
（示範：張勇濤）

五十九、太極拳如何練氣？

武術中講「內練一口氣，外練筋骨皮」，怎麼練？首先要正確認識「氣」。氣最初是中國哲學裏的一個概念，內涵很豐富，很複雜，後來在中醫裏被廣泛應用。其實不僅在中醫裏，在中國古代文化、科學的很多領域都使用這個概念。在養生方面，「氣」更是一個核心的概念，在《黃帝內經》等書中已大量在用。比如《黃帝內經》中說「正氣存內，邪不可干」；《老子》中也講「專氣致柔」；《莊子》也強調「一其性，養其氣，合其德」。武術拳論中關於「氣」的解說比比皆是。要練好太極拳的氣，就要對它有個全面、客觀的瞭解。

太極拳練氣(示範：李經梧)

太極拳練氣有動練和靜練兩種方式。靜練就是由靜坐、站樁來練習，是靜以致動，這裏靜指形體，動指內氣。所以練太極拳一定要結合練靜功。可以先練靜功再練拳，也可以在練拳過程中結合練靜功，如每次練套路前先練靜功，或者練完套路後練一段時間的靜功。

動練就是結合套路練氣。這方面重點注意兩點：一是每個式子要瞭解它對內氣導引的作用，這就要深入理解每式的要領。二是仔細體會每式身體的氣感變化。練拳到一定程度，每一動都是有氣感的。

對「氣」的理解不要玄虛化，它不是不可琢磨的東西。從太極拳養生的角度看，結合太極拳論中的分析，氣主要是指這麼幾個含義：

一是指呼吸之氣，由呼吸把體內「廢氣」排除，吸進氧氣。所以在練太極拳時，要注意呼吸的要領，保持自然、流暢、悠長、細勻的呼吸方式，並不斷結合動作的提高進行調整。

二是指人體內部系統之間的一種聯繫。這種聯繫的良好狀態就是「和諧」，所以練太極拳要注意身體各部分動作之間的和諧，眼神、體態之間的和諧，開合、起落動靜之間的和諧等。做到和諧的核心點是什麼？就是要「全神貫注」。輕鬆地「全神貫注」，不是努勁的那種，那樣就

緊了，僵了。應是太極拳的「用意」。

三是指與經絡相關的一種功能，太極拳的導引動作就與之相關聯。所以在練太極拳動作時，最好能充分發揮姿勢的導引作用，所謂「導引行氣」。動作要做到位，不要隨隨便便，起承轉合意到形到，交代清楚。體會、把握了這幾方面，太極拳「練氣」的功夫就做到家了。

六十、太極拳和導引是什麼關係？

導引是中國古代養生術的一種，它最早的形態起源於戰國以前。後來發展成多種分支。

太極拳就是一種導引。導引有幾個要素，要有豐富的動作變化，引氣運行；要配合呼吸，有時配合得很緊密；有象形成分，叫做「熊經鳥申」；要結合意念，還要動靜相結合。這些特點太極拳都具備了。後來的太極拳套路發展變化中，甚至有意識引入了一些沒有直接技擊作用的導引動作，來豐富套路。所以從純養生的角度，你也可以把太極拳套路作為一高級的導引健身術來練，強化、突出它的導引效果，甚至結合自己的身體情況，

太極拳也是一種導引術
（示範：李斌）

針對某一臟腑、系統進行鍛鍊。

太極拳家陳鑫在其拳論中就闡述了導引在太極拳中的作用：「人能明任督以運氣保身，行導引之術，以為之根本。任督猶車輪，四肢若山石。無念之發，天機自動。每打一勢，輕輕運行，默默停止，惟以意思運行，則水火自然混融。」

太極拳也是導引、行氣的功夫。在傳統內功養生中，有行「周天」之說，「大周天」行氣路線遍佈全身，「小周天」為練任督二脈。太極拳中不完全刻意要求意念引導內氣運行周天，但一些拳論認為，長期堅持太極拳鍛鍊，自然能使氣行周天。太極拳的很多動作本身就是導引，有導氣的效果。

六十一、「太極拳式」和「太極拳勢」有區別嗎？

太極拳勢（示範：田秋茂）

現在太極拳的一些書在講解太極拳動作時，用「太極拳式」這個詞，另外一些書則用「太極拳勢」，有時兩者混用。實際上兩者是有區別的。

「太極拳式」是指太極拳動作的規格，外形樣式，比如手到哪裏，腳到哪裏，

身體方位等。「太極拳勢」則是指拳路的變化態勢、趨勢，更多的是指動態的變化感覺。「式」是一種固定的概念，「勢」是一種變化的概念。初學時重「式」，「式」準確後要重「勢」，在「式」中要寓「勢」，在「勢」中要含「式」。大家在看書學習時應加以鑒別。

六十二、什麼是太極拳養生的「四功」？

傳統太極拳論中對太極拳的練法涉及到「內」的，與養生密切相關的技術要領總結有「四功」。這四功講的都是內練的方法，太極拳研習者應對其仔細領會，這對於提高太極拳技擊、健身效果大有益處。

一是「發之於心」：拳由心生，一切動作都源於心，心要「靜」，由「靜」生「動」，是自然的動。心如果不靜，意就不專，亂七八糟，動作效果就打折扣。太極拳是心象的外化，拳法與人的修行共同提高。練到一定層次，拳如其人，人也從練拳中獲得心性的提高。

二是「達之於神」：練的效果是鼓蕩起神氣，神氣充足，精神一充足，人體就圓活自然了，就像皮球，運轉起來阻力就小。在拳論中說就是「精神能提得起，則無遲重之慮」，內固了精神，才能外示安逸。隨著練拳的深入，精神也愈加飽滿，境界也愈加高遠。

三是「行之於意」：意無涯，只有拳意相通，才能做到無障礙穿行在自由空間中，練拳成了一種翱翔。怎麼做

拳由心生，流暢無礙
（示範：陳正雷）

到流暢地運行？是運意，你感覺不到動作的阻力，用意不用力。用意導氣，意氣相生，動作相隨，動作是輔助的作用。

四是「想之於念」：念的是什麼？是要領，每招每式符合規律，不能有散漫懈怠。隨時檢查內外要領是否走樣了，隨時調整。不動則已，動即是法。到了高級境界，法就是自然了。

四功是一體的，互相符合。練習時間長了就形成定勢了。

六十三、如何做好太極拳起勢？

練太極拳起勢很重要，起勢奠定一個基調。起勢如果進入了一個比較好的狀態，將這種狀態連貫地保持下去，整套拳就練得順暢。反之，如果起勢沒做好，練起來就彆扭。所以，開始練的時候，寧可慢一點，把起勢的狀態調整好。一上手，要領就要對。

練起勢的時候，先把身形端正，靜立的時候把上下內外都檢查一遍，周身要鬆暢，用意念過一遍，哪裏不對，

調整一下哪裏，練習時間長了，哪裏不對就會不舒服，不把全身調好就不動。所以初學時在起勢的時候站得久一點沒關係。

還有就是起勢的時候要入靜，把心境調整好，排除一切雜念，心境一好，下面的練習就是自然的流動，不是「強扭的瓜」，而是順乎了自然之道，越練覺得越舒服。入靜後，把意念與動作還要合上，使意形合一。

太極拳起勢是建立全套拳架的和諧模式（示範：李德印）

起勢時還要注意把氣理順，氣沉丹田，呼吸調好，重心把握住，穩定正直。

所以起勢就是建立好練拳的和諧模式、規範，把練拳納入一個平衡的、合於規矩的軌道。起勢做好了就起到事半功倍的效果。

六十四、怎樣做好太極拳收勢？

有的人練太極拳起勢的時候還很認真，準備時間比較充分，但對收勢馬馬虎虎，這是不對的。

做好收勢有幾方面作用：

太極拳收勢是對全套拳法效果的一個總結（示範：翁福麒）

一是穩定，一般收勢前後一系列動作都是沉氣，使氣息逐漸平穩。使得長時間練拳的運動感逐漸恢復常態。

二是呼應，收勢與起勢相呼應，使整個拳術套路有一個完整性，對身體各部分的鍛鍊均衡。

三是讓意念逐漸從動作引導中回復過來。練拳有特殊的意念活動，這是一種精神的「興奮」狀態，練拳結束，讓這種意念活動逐漸平和下來。

四是使呼吸輕柔。練拳時，結合拳式的呼吸會比平常有所不同，頻率、深度都有變化，由收勢做好轉換。

做好收勢應注意：第一，收勢動作要慢，要穩，把動作做到位，不要匆忙結束。

第二，意念上不要一下從拳套中逃出來，要和動作相一致，把氣歸於丹田。

第三，動作完成不要馬上走動，再靜立幾秒鐘甚至更長，讓身體站舒服了。

第四，拳套動作結束後，再做一些整理動作，如拍打全身、散步走動等。

收勢是太極拳樂曲的最後一個音符，要讓整首曲子和諧圓滿，就要收好最後一下。

六十五、開始練太極拳感到有些憋氣
是怎麼回事？

這是一些人練拳時會遇到的問題。關鍵在於沒有調整好呼吸。

開始由於動作還不熟練，每個動作過程拉得比較長，而精神又都集中在怎麼做動作上，一呼一吸的一個呼吸過程不能跟隨完成一個動作，呼吸還沒有跟動作脫開，於是感覺呼吸比較緊，就有些憋。

解決的辦法是，把呼吸和動作脫開，就是通常說的用自然呼吸，動作是動作，呼吸是呼吸，不管動作做得長短如何，呼吸依照你比較舒服的節奏自然進行。

還有一個辦法就是，把一個動作分成一個小段，每一小段結合一個呼吸週期，這樣一個動作就可以完成幾個呼吸過程了。但無論如何，不能「搶」呼吸，不能急促呼吸，也不能把動作停一下、「斷」一下來呼吸。否則就是「舊病」未去，「新病」又生。

另外，隨著動作練習的熟練，這種情況也自然就逐步改善了。

六十六、什麼是「六合」？

「六合」是太極拳養生中的基本要求，是內外完整一

太極拳勢六合（示範：王海洲）

氣的整體感。無論是運動還是靜止，這些相合的地方都應經常保持成一種常態。

許多人開始練習時覺得同時要做到「六合」難度很大，手腳忙亂，顧上顧不得下，甚至手足無措，產生畏難思想。其實，六合的要求是逐步達到的，不要希望一下子就完全實現。另外，對六合要深入理解，它的實質就是身體內外的整體性要求，外形不散、不僵、內氣不亂、不溢，內外完整如一。有時你把每一式的要領做對了，自然就達到六合的要求了。外三合就是周身相合，內三合就是意氣渾元。

「六合」是中國武術內家拳的共同要領，形意拳、八卦掌也有這樣的要求。

六十七、練太極拳如何做到形神兼備？

練拳如果具有了形神兼備，越練精神會越加抖擻，心情舒暢，神清氣爽。做到形神兼備首先要形準，不準就不會有神，動作不準，練習時間越長會越彆扭。

其次要配合意念，沒有意念加入就是空殼，動作對了

形神兼備太極拳才有韻味（示範：李雅軒）

只能是有「量」，沒有「質」。

第三，要多看一些名家的演練，要「臨摹」，看人家是如何具備神采的。也可以多看一些名家的拳照，從中體會他們的神、意、氣。過去戲曲大師們講究一種「範兒」，就是做派，太極拳大家也有自己的「範兒」，就是「神」。

第四，多練，反覆地練，練的時候可以在腦子中回想名家的神采，練多了，就能體會拳架的妙處，體會「神」在何處，才能表現出來。

六十八、練太極拳是不是越不用力越好？

練太極拳不是不用力。一點兒力不用，你動作怎麼做？太極拳講「用意不用力」，要正確、全面、辯證地理

解，它的含義在於：

首先，相對於「用力」來說，「用意」更重要。用意是核心，是主導因素，用力是輔助因素。

其次，就是練拳時要把主要著眼點放在用意上。抓主要矛盾才能解決主要問題。能否練好太極拳的關鍵在於能否掌握好用意的方法。

第三，不要用簡單的力，特別是不要用蠻力，而是要用「勁」，是一種改造了的力。太極拳用的力是「內力」，是剛柔相濟的力。

但要糾正一種誤解，就是以為太極拳一點兒都不能用力，如果這樣練的拳軟塌塌的，就達不到鍛鍊形體和精神的作用。

六十九、練太極拳需要做「周天運轉」嗎？

本極拳的動作就是內氣導引的方法
（示範：趙幼斌）

中國古代的養生術，特別是道家養生術中有強調「周天」的運轉法，還分為大周天、小周天，是有意識地引導內氣沿周天路線運行。

太極拳動作就是內氣的導引方法，由開合屈伸自然引導氣行全身。太極拳中的「氣沉丹田」「意

形相合」就是內氣導引法,而且有意念配合。由於太極拳套路動作全面,可使氣達全身每個部分。故練太極拳時不需要另行再做「運轉周天」的練習。如果你在練拳中還想著許多複雜的行氣路線,就很難把拳練好。

當然,有的拳家為了配合練拳效果,在練習太極拳套路之外,另行進行一些包括周天在內的的內功鍛鍊,也無不可,那屬於配合練習。

七十、如何做好太極拳的平衡動作?

平衡是太極拳套路中的重要練習方法,一般套路的組成中必然有多個平衡式子,一些典型的平衡動作如金雞獨立、分腳、蹬腳等也是著名的太極拳單式。

很多初學者練習太極拳平衡動作時經常站立不穩,如何解決這一問題呢?一是要控制好重心的高低,重心越低,站立越穩定,支撐腿要彎曲,這點和練習長拳不一樣。再有就是腳趾微微抓地,要讓身體重心的投影線在支撐面內,這樣就會增加穩定和平衡性。

太極拳的獨立式是練平衡的動作,雖然在套路中出現不多,但幾乎每種流派的太極拳、械中都有這樣的式子。練獨立式站不穩的原因最主要的可能有兩種,一是下肢力量不夠,二是沒掌握平衡的要領。增強下肢力量就需要多練習,可以把獨立式作為一個單獨的「樁」功來站一站,每天站一會兒,左右腿互換練習。也可以適當練習一些增

世界太極拳冠軍邱慧芳示範太極拳
平衡動作蹬腳

太極劍套路中的平衡動作

強下肢力量的動作如「下勢」等。

在掌握平衡要領上，注意鬆緊得當，完全鬆懈腿就打軟，完全繃緊就容易僵硬，就打晃。另外，支撐腿要保持一定的彎曲度，直中有曲，既體現開中有合，也增加穩定性。著地腳的腳趾還要微微抓地，使重心下沉。

七十一、練「下勢」時一定要蹲下去嗎？

每種太極拳的套路中都有各種各樣的身法變化，包括前後左右的轉換，也有一定的上下幅度的變化。下勢是較低位的式子，是太極拳動作的重要組成部分。

太極拳的下勢在於鍛鍊下肢力量和增大運動量，一般

情況下應盡力下蹲。特別是體質
較好的人，做的位置不僅要低，
速度還不能過快，要很清晰地完
成動作。

但也不是絕對的蹲得越低越
好，年紀較大或體弱多病的人，
如果不能完全蹲下去，也不用單
純追求低位，蹲到自己相對有較
大承受力的位置即可。但意念上
一定要有向下之意。對於腿腳不

太極拳的下勢

好的人，更不能過分強求。鍛鍊
效果不是和位置的高低有直接關係。

七十二、練太極拳如何避免出現膝關節疼痛？

太極拳具有良好的健身效果，正確地依照要領練習，
一般來說不會造成身體的損傷。但也的確有些太極拳練習
者反映，在練習中出現了膝關節疼痛的現象。

膝蓋發生問題，一般可能是三個原因。第一是準備活
動不充分；第二是要領，特別是形態要領不正確；第三是
運動量過大。

太極拳是一項運動，雖然動作比較柔和緩慢，但也有
一定的運動量，也應該做些熱身準備活動。很多人對這一
點比較忽視，往往工作或勞作完了馬上就練太極拳，身體

的很多部位都沒有活動開，造成局部肌肉緊張。

太極拳整體上柔和，但在一些局部，運動量還是有相當的程度的，否則難以有良好的鍛鍊效果。比如膝關節的運動量就很大，長時間處於承重狀態。鍛鍊前進行必要的準備活動是避免損傷的一個必要步驟。鍛鍊之後也應該進行必要的放鬆，如散步、輕微抖動、踢踢腿等。

太極拳幾乎所有的動作都涉及膝關節的運動，屈伸旋轉等，如果要領不正確，就形成受力的不科學。對於每個動作，認真研究膝關節的方位與變換方式，大小腿的角度，膝關節與身法變化的關係等。要領正確了，鍛鍊效果才良好。

合理的運動量是科學鍛鍊身體的一個重要因素。如果運動量過大，超過身體負荷，就會有副作用。過去有些人練跑步，一味強調跑步對健身的好處，每次跑的距離過長，結果不僅對身體不好，還積勞成疾，這就是一個例子。

練太極拳也有一個科學掌握運動量的問題。過去說「拳打千遍，其意自現」，說的是遍數，但不一定在一次練習中練多少遍，要根據自己每天的身體狀態，可以有時多，有時少，以適度為原則。也不一定每次非要把

科學習練太極拳（示範：孟憲民）全部套路練多少遍，也可以

將套路拆開，進行單式或組合進行練習。這樣包括膝關節在內的身體各部分不至於承受超負荷而導致出現疼痛損傷。

除此之外，冬天練拳時，還應注意膝關節的保暖，受涼也可能導致疼痛。

總之，太極拳作為一項運動，應該注意運動安全和運動衛生問題，這樣我們就能獲得最好的鍛鍊成效。太極拳的鍛鍊具有強健體魄、增強體質的作用，對於下肢力量的增強，尤其具有突出效果，正確的練習不應導致膝關節疼痛。

七十三、練太極拳如何防止感冒？

練太極拳是一種很好的體育健身項目，它既有自身的特點，也有一些體育項目的共性，練習時也要講究體育衛生。有的人在練拳時得了感冒，反而影響了身體健康。預防感冒也是我們練太極拳需要注意的一個方面。

1. 要適當注意練拳時的穿著

練太極拳既要考慮服裝的柔軟舒適，也要根據季節、氣溫情況來定，特別是秋冬季，應注意保暖。

2. 要注意出汗防風

練太極拳雖然較為緩慢，但內氣運轉還是有一定的運動量，練太極拳不應該出大汗。單練習一段時間，會渾身發熱，有微汗，這時如果受了風，就容易感冒，所以練拳一般要避風。風不大時，練拳出了汗也應及時擦乾。如果

練得大汗淋漓，就說明運動量過大了。

3. 要注意室內外溫差

特別是冬天，從室內走到室外練習，不要急於脫衣服，要有個適應過程，身體適應了室外溫度，再逐漸減少衣服。還有就是練完拳要及時把有汗的衣服換掉。

4. 要注意正確呼吸

寒冷的天氣時，一般用鼻呼吸，如果用口呼吸，也是微微張開，不要大口呼吸冷空氣，以免刺激呼吸道引起感冒。

七十四、什麼是練拳中的氣感？

抱球樁的練習
（示範：王繼生）

氣感看起來是一個比較玄乎的東西，其實是一種人體的基本感覺。在日常生活中我們也經常會有這種感覺，只不過在練習內家功夫的時候，感覺更為明顯，因為內家功夫比較強調內向性的感受，也有專門的練氣方式。

我們要體驗基本的氣感很簡單，進行一個抱球樁練習很快就會有感覺。全身鬆靜站立，兩臂在胸前環抱，十指自然分開相對，上下中正，內外處於空鬆狀態。

這樣站立一般幾分鐘後，身體

就會有微微發熱感覺，兩手、兩臂中間也會有輕微的麻、脹、熱、充實等感覺，這就是通常所說的氣感。

要領正確就能體會到練拳中的氣感（示範：張全亮）

在練太極拳套路中或某個單式時，如果要領正確，全身就會有這種很充實的氣感，它是周身氣血流動以及內外高度放鬆以後的整體效應。

應該說明的是，太極拳中的氣感，是一種自然的效應，隨著練拳的進展，不同階段會有不同感受，有時還會越來越淡化。對於這些感覺不應過分、刻意去追求，否則就容易走偏差了。

七十五、怎樣看懂傳統太極拳論？

太極拳是一種非常具有文化韻味的鍛鍊方法，它不僅對於身體健康有益，對於心理健康也很有效。要全面得到收效，適當地瞭解、學習一些太極拳理論知識很有必要，這對於更深入理解太極拳的要領也大有幫助，也就是很多老師通常所說的要避免「傻練」。要知道如何練，還要知道為什麼這樣練，這樣才能在練中感悟出更多屬於自己的東西，就是老拳師所說的「把功夫練上身」。

懂拳論，練太極
（示範：劉峻驤）

看一些傳統太極拳論是學拳的一個重要途徑，但傳統太極拳由於時代的關係，多採用文言體，加上解說上多用一些比喻、含蓄的修辭，故在理解上也要講究一點方法。我們在太極拳界會發現一種現象，就是對同一篇拳論，不同人理解得不太一樣，有的甚至截然相反，哪種對，哪種錯，我們要逐步提高自己的鑒別能力。可能在練拳的不同水準階段，理解不一樣，隨著我們鑒別水準的提高，我們的拳術功夫也就逐步提高了。

要看懂傳統拳論，先要確定一篇拳論的定位，是說什麼的，是講總綱要領、還是講推手？是講勁力、還是講身法？這個問題看似簡單，實際在一些研究文章中有時還含糊不清。開始時可以請教一些老師，逐步就可以達到自己理解。

此外，還要搞清傳統拳論中的一些關鍵字的字義。這一點也要特別注意，比如一些身體部位的描述、一些勁力運行路線的描述、一些名詞的含義等。很多古漢字，一字多義，要明確在某篇拳論中這個字的具體意義是什麼。有時要關聯前後文看。研讀一篇拳論，對作者也要有一定的瞭解，這樣會有助於對拳論的理解。如作者是哪個流派的人物，他在拳論中所講的是這一流派的拳理，還是太極拳普遍的共性理法？寫作拳論的時間是該作者早期的，還是

晚年的？講的功夫是哪個層次的等等。

另外，還要對創作拳論的背景有所瞭解，寫作拳論的原因、針對性、當時太極拳的發展狀況等。

看傳統拳論還有一點很重要，就是不要玄虛化。講拳是一件很紮實的事情，不要故弄玄虛，望文生義，越高越懸，其結果是照此練習越練越糊塗。最後一點，要結合練拳實踐，邊體會邊研究。

七十六、練習太極拳如何處理和其他 體育鍛鍊之間的關係？

太極拳是體育鍛鍊的項目之一，練太極拳不排斥從事其他體育運動形式的鍛鍊。相反如果能結合得很好可以互相促進。比如，在正式練拳之前，進行一些其他項目的鍛鍊作為太極拳的準備活動就很好，可以跑一跑步，做做廣播體操伸展一下肢體等。練拳後，年輕人也還可以跳一跳健美操，老年人可以散散步，做些其他柔和的鍛鍊，作為整理活動。

世界太極拳冠軍崔文娟
太極劍勢

太極拳在練習時比較緩慢，在鍛鍊安排上還可以在不

同的時間，如每週一兩次結合練習一些稍微劇烈一點的活動，作為一種運動調節。

七十七、如何看懂太極拳的「功夫」？

看懂太極拳的功夫就是學會觀摩，看懂了才能照著學習、改進。你如果不明白什麼樣的動作對錯好壞，就不利於自己較快地提高。

看太極拳一看端正自然，如果動作歪歪扭扭，生硬僵板，練得就不對。有的人練拳練得很熟練，但前仰後合，即使練得很「油」，也不是高級功夫。

練太極拳應該神采飽滿
（示範：李經梧）

二看流暢順達，從頭到尾完整一氣，勁是連的，不是時斷時續。熟能生巧，連綿不斷是太極拳的基本特點，這要多年去練，才能出功夫。

三看神采飽滿，感覺到內外都很飽滿，精神頭很足，雖然慢，但神意內斂。如果練拳時萎靡不振，功夫一定不行。動作出來一定是神、氣、意並存的。

還有就是技擊意識清

晰。練拳動作雖然流暢，但交代不清，似是而非，攻防含義沒有，變成了太極操，那就走樣了。

七十八、如何練好太極拳的步法？

太極拳的所有動作都是在腳步移動中完成的，「腳下是根」，掌握不好步法的要領，就無法很好地練套路。練好步法需要從以下幾個方面入手：

1. 準確掌握步法的路線

每個式子中步子怎麼邁，怎麼跟，式子之間的步法如何轉換，路線要很清楚。錯幾個方向，整個套路就亂了。太極拳的正隅方向是有一定講究的，有的人練太極拳總搞不準方向，起因在步法路線的錯誤上。

2. 分清步法的起落方式

先落腳跟，還是腳尖？提腳先提哪裏？在太極拳式的步法變換中，是內扣還是外擺？要交代得很明白。

3. 虛實分明

太極拳運動中步法的最大特點是虛實交替，每個動作都如此，虛實就是陰陽。所以在步法上不能含含糊糊，一定把

太極拳腳下是根
（示範：傅清泉）

虛實做清楚、做對。

4. 把握勁力

太極拳步法上的勁力就是感覺，什麼樣的感覺？輕靈、沉穩，「邁步如貓行」，拿得起，放得下。「拿得起」，就是抬步輕柔，無滯重感，「放得下」，就是穩穩落下，不漂浮。太極拳的步法如果從以上幾點入手就能練好。

七十九、如何做到太極拳勢子間的連貫性？

太極拳練習時無論是單一的動作，還是一個套路，都應該是連貫的，不能有明顯的停頓，特別是勁不能斷，意不能斷。這種連貫性的要求，是建立在對動作熟練的基礎上的。動作熟了之後，就細細體會做動作時的勁、意狀態，將它們連貫起來。

明瞭勢與勢之間的轉換關係是連貫性的關鍵（示範：李雅軒）

這當中，要重點解決的是每個動作之間轉換的銜接，前一個動作還沒結束就要在腦子裏運行下一個動作的形態，過渡自然，甚至把前一個動作的後半段和後一個動作的前半段看做是一個動作來處理，做到「你中有我，我中有你」。

太極拳的弧形運動、折疊翻轉為連貫性提供了便利，如果是直來直去，必然會有明顯的勁力轉換方向，太極拳的勁力轉換不著痕跡，體會到了這一點，連貫性就實現了。

八十、練太極拳如何做到「完整一氣」？

完整一氣很重要，如果把人體比做是一部高精密的複雜機器，完整一氣就是要求這部機器非常有序、協調地運轉。由於種種原因，人體的生命運行過程中，總會出現一些或大或小的不和諧音，透過鍛鍊，就是調整這些「雜音」，讓它和諧起來。完整一氣就是在內部關係這個層次上來和諧人體的生命運轉。

要做到完整一氣，就要既求外，也求內。做每個動作時，注意身體各部位之間的對應關係，每個動作之間，注意流暢地銜接，動作流暢，拳勢流暢。不流暢肯定做不到完整一氣。流暢也不是簡單地把動作練熟，熟練和流暢還不是一回事。

還要把動作做到位，動作「到位」了才能整，動作只有到一定程度，內勁才能體現出來。所以每個動作定式的時候可以自己體驗一下，內勁有沒有感覺。

完整一氣的關鍵還有一點，就是用「氣」來貫通。練每個動作都有所不同，這是就外形來說的，練若干個動作如同練一個動作，這是就「一氣貫通」這個層次來說的。要做到這一點，一個有效的辦法就是找到體會每個動作的

練太極拳總要完整一氣（示範：翟維傳）

平衡感，把這種平衡感覺保持下去，形成自然狀態，就會完整一氣了。

做到了完整一氣，才能實現身體內外的整體平衡。身體的完整性是由構成身體內外的各種元素綜合協調來實現的。太極拳家李亦畬在拳論《五字訣》中說：「一曰心靜，二曰身靈，三曰氣斂，四曰勁整，五曰神聚。」這是關於太極拳整體性方面的五要素。怎麼把握整體平衡？可逐一從這五方面著手。心靜才能體鬆，心不靜身體就拘緊。放鬆了動作才能靈，反覆熟練也是靈的一個前提，動作不熟練的時候肯定也靈不了。氣斂，就是不能散，這是養生的一個關鍵，氣散了就會消耗，空蕩蕩的，內氣不實，萎靡不振。勁整，人就越練越硬朗，勁一整，氣也就實，勁不整，氣也是亂的。上述幾方面做到了，才談得上神聚。神聚就是你的意識活動要健康，不能練拳時胡思亂想。這五個字是同時要求、同時做到的，側重點不一樣，結合在一起就是人體的平衡狀態的衡量指標。

實現了身體的整體性，才能充分體現出練拳的作用。太極拳家陳鑫認為：「周身一齊合到一塊，神氣不散，方能一氣流通，衛護周身。」練拳要求一個整勁。周身合在一塊，不是拘緊地靠，而是互相之間有一種很協調的對應

關係。這樣才能將神氣抱成一團，是一種開展性的「合」，於是氣息很順暢地周流全身，起到護衛作用。

八十一、如何理解太極拳的虛實？

虛實是太極拳一個很重要的概念，具體的技術體現也很豐富。

首先，在動作上要分清虛實，每個太極拳的式子，無論是過程還是定式，都有明顯的虛實結構，腳、手都分虛實，身體上的這種虛實是最基本的，要清清楚楚。

第二，在技擊意識上有虛實，戰術招法上，攻有虛實，守也有虛實。這裏面有兵法，有哲理。

第三，在勁力運轉上有虛實，蓄勁、發勁，開合鼓蕩都有虛實。

第四，虛實是個動態的概念，在一個瞬間為虛的因素，下一個瞬間可能就是實，要注意這種轉換。虛實的變化就是動態平衡。虛實只是相對的，沒有絕對的虛實因素。對於初學者來說，虛實分明和虛實轉換是重點掌握的兩個要點。

太極拳的虛實是一個動態的概念
（示範：胡鳳鳴）

八十二、太極拳和中醫的關係是怎樣的？

　　武術不僅是一種防身技擊術，也是一種強身手段。武術和中醫關係極為密切，向來有「武醫不分」之說，許多著名的武術家都有很深的中醫造詣。太極拳與中醫的淵源關係更深，主要表現在幾個方面：

　　第一，基本理論相同。都是以《易經》學說為基本依據，以陰陽平衡為基本原則，無論是基礎理論還是應用技術理論上都有大量的相同之處，甚至是完全通用的。

　　第二，武術是中醫學健康的有機組成部分，太極拳已經成為中醫康復保健的重要方法並得到普遍應用。

　　第三，太極拳和中醫都強調預防為主，治「未病之病」，以強身健體、增強體質為健康的首要選擇，重在提高自身體能、潛能的提高，抵抗各類疾病。

太極拳鍛鍊原理和中醫相通
（示範：高壯飛）

　　第四，太極拳和中醫都注重心理和生理健康相結合，身心並修。努力改善人的精神狀態。

　　第五，大力提倡整體觀，注重人與自然的和諧。中草藥取之於自然，和太極拳的仿生方法都是這種思想的具體體現。因此，

練習太極拳的過程也是學習中醫保健知識的過程。此外，有意識地學一些中醫學知識，有助於更好地練習太極拳。

八十三、什麼是「四兩撥千斤」？

「四兩撥千斤」是太極拳一個著名的技術諺語。它體現出太極拳的運勁和思維特點，就是主張用巧力而不是拙力來取勝。當對方以大力擊來時，我不是與之硬抗，而是避其鋒芒，運用內勁功法，避實就虛，引進落空，巧妙地調整力學結構，使對方失重、失勢，再於關鍵點或線上施以小力，就可將其擊倒。這是一種比喻性的說法，其核心在於順勢得機、以靜制動。

理解這句話不要簡單地從定量上來看待，它的含義在於以小勝大，以弱勝強。

要實現「四兩撥千斤」的效果，就不能以力對力，不是簡單的對抗，而是要營造一種結構，由這種結構來發揮作用，來處理應對關係。這個結構的構成元素是我與對方的體能、智慧的諸多方面。單純的肢體語言是無法實現的。

太極推手四兩撥千斤
（示範：王大勇）

八十四、太極拳練習中腰的作用是什麼？

腰對於練太極拳來說具有關鍵作用，腰有承上啟下的功能。從行氣來說，腰使上下貫通，又是丹田所繫，鼓蕩在於腰間。從虛實來說，全身的虛實變換在於腰，腰脊動則周身一體，虛實才能換得靈，內外順遂。從平衡來說，腰為中軸，左顧右盼，旋轉起落，重心移動都在於腰。

所以練太極拳腰如果不靈，動作一定僵死。練習基本功時就要先鬆腰。

腰是太極拳一個最要緊的所在。武術上有「八卦步，太極腰」之說，認為練得好與不好太極拳的關鍵在於你搞懂了腰的作用沒有，會運用腰不會。拳論強調：「十三勢勢莫輕視，命意源頭在腰隙。」腰是一身的樞紐，要形成整體性，要靠腰。從運氣上說，氣沉丹田，在腰；從運勁上說，「發於腳，主宰於腰，達於四肢」。楊澄甫說：「能鬆腰，然後兩足有力，下盤穩固，虛實變化，皆由腰轉。」腰的要點，一在於鬆，鬆腰鬆胯，

太極拳練習腰很關鍵
（示範：田秋茂）

中間才鬆，勁力上下通達順暢。腰容易僵硬，這是人的通病，很多人跳舞跳不好，也是腰僵硬所致。練拳的要求就更高些。二是活，能靈活轉動。三是整，和全身連接一體，太活了，散了也不行，要以腰能帶動全身。練拳有人說長腰勁，就是說它的帶動四肢的作用要發揮出來。每一動作都要體會「腰為主宰」的感覺。

《十三勢歌》中說：「刻刻留心在腰間，腹內鬆靜氣騰然。」腰是關鍵，所以要「刻刻留心」。留心不能太著意，不是僵化的執著。如果把意念死死地放在腰間，帶來的就不是「鬆」，而是緊，氣就不流暢，造成腰不僅不靈活，反而成了累贅，形成一個死節。要實現腹內鬆靜，是一種無雜念的「守」，靜下來，氣才能「騰然」，生機勃勃，周轉不息。

八十五、什麼是太極拳的「養」？

運動就會有消耗，有益的鍛鍊就是由運動增強人體組織、系統的活力，減少不必要的損耗。暫時性的、主動性的、積極性的消耗和不必要的損耗是有區別的。太極拳由「動」來實現「養」，養是指內在的內養，不僅不損耗，還不斷積蓄能量。由練太極拳達到「養」的目的，主要由幾個方面來實現：

第一，內功鍛鍊。由站樁、靜坐的辦法，也可以是一些單式的靜練，增強內氣。

第二，慢練的辦法。太極拳練習速度舒緩，對肌體沒有太大的負擔，體力上的消耗也不大。如果要增加運動量，可以增加練習時間和次數。

第三，動靜結合。完全靜而不動，或者完全動而不靜，都不利於養生。太極拳雖然動，卻是動中求靜，是均勻的動。有規律的動也是一種靜。

第四，導引。導引是一種積極的養的方式，能夠舒筋活血，讓人全身通暢，一通暢了，氣血就活了，就能不斷積

內養是太極拳的秘訣之一
（示範：程秉鈞）

聚能量。結合導引把呼吸吐納做好，效果就更佳了。

養的核心在於內練，向身體內裏求，不是外向型的拙力、笨力。武禹襄《打手要言》中說：「內固精神，外示安逸。」內固精神就是精神要紮實、飽滿，練拳時不慌亂，要沉著、沉靜，這樣外在的表現才能從容、安逸。相反，只有外形練好，內在精神才能穩固。固精神需要一定的物質基礎，外形虛弱不整，精神也難以安固。陳鑫說：「以吾身本有之元氣，運於吾身，其屈伸往來，收放擒縱，不過一開一合與一虛一實焉已耳。」長壽的藥在哪裏？在自己身上，依照一定的規律挖掘自身的潛能，是增進健康的一個有效途徑。依照什麼規律，就是符合人體生命現象的運動規律，具體到太極拳，開與合、虛與實當中

就蘊藏著規律的奧妙，要細心體會。

八十六、如何理解太極拳的開合？

「開合」是太極拳練習中的一個重要要領。太極拳在外形上有兩個突出的特徵，一是弧形運動，二是開合運動，每個動作基本上都體現有開合的練習。

動作上的開合比較明顯，也容易理解。外展性動作為開，內向性動作為合；向上起的動作為開，向下沉落的動作為合；向裏收的動作為開，向外推的動作為合。在一開一合中，注意體會氣息的鼓蕩，這樣結合動作就有了內練的作

太極拳勢白鶴亮翅
（示範：李雅軒）

開合是孫式太極拳最主要的
技術特徵（示範：孫淑容）

用。比如「白鶴亮翅」，先是雙臂在身體中心內合，氣息沉穩下去，再雙臂分別向上、向下打開，充分伸展，為開，氣息舒展，全身輕靈，腳下虛步，整個身體狀態虛中有實，開中有合，沉穩靈動，其練法的引導就是由開合起始的。

還有一種開合的理解方式，就是從勁力的變化方面，是勁力的開合。太極拳在技擊中有「引進落空」之說，對方打來，我先引之，使其落空，再發力擊之。這種「引」稱之為「開」，即開門引敵之意，向外發力擊敵稱為「合」，即全身勁力相合，形成整勁，向外將敵擊出。也有將敵我之力相合，全部擊向敵身之意，即「以彼之力加諸彼身」。這種「合」法在太極拳論中稱為「引進落空合即出」。

要特別注意，這兩種理解角度有所不同，在外形動作的對應上是正好相反的。這代表了不同的理解角度，不同的著眼點和層次。

由於開合在太極拳中的重要性，著名武術家孫祿堂還將其發揚強化，創立了以開合為核心練法的孫式太極拳。

八十七、太極拳健身在怎樣的時間和環境下練習效果較好？

對於練太極拳的時間問題，一句話，選擇自己適當的時間。怎麼理解？一是自己的空餘時間，或有意識地安排系統的時間，那樣最好。二是你心情比較放鬆的時間，即使你有空餘，但心事重重，心煩意亂，也練不好拳。當

然，也有的人心情一煩躁就想去打拳，心情反而逐漸平靜下來了，這是太極拳調節心理的一種功能，但這是練習時間較長、有了一定功夫的情況。初學者最好還是心情輕鬆地練。具體時間在一天當中無所謂，如能堅持晨練還是比較好的，但也不要太早。

太極拳研究家梅墨生室內練太極

太極拳鍛鍊的一個優勢，就是場地的簡易性，隨時隨地都能拉開架勢比劃一下。室內只要地方足夠大，就可以練習。所謂足夠大，不一定是把一個完整的套路從頭練到尾，那樣對地方的選擇性就有局限了。但至少要能把若干個動作完整連下來，一段一段地分開練習。如果你練一個動作挪一下地方，就做不到連貫性，體現不出太極拳套路的鍛鍊特性，那樣你就不如乾脆在原地練單式，到寬敞的地方再連起來練。總的來說，因地制宜。但室內練太極拳有一點需要保障，就是通氣性要好。

太極拳健身原則上是不拘場地的，對空間的要求也不大，夠一遍拳的來回就可以了。無論是居家還是辦公室，都可以簡單練習。

如果時間和條件允許，在環境好一些的地方練更好。所謂環境好一些，一是指室外，室外空氣流通充分，太極拳練習中呼吸結合動作，空氣的流通性好，人體內外氣息

交換比較充分一些。二是綠化比較好的地方，如有樹、有水的地方，這些地方既對人體有直接益處，同時良好的環境也有利於心境的放鬆。三是比較安靜的地方。太極拳練習要有一定程度的入靜，外界的干擾因素越少越好。

在選擇環境時也要避免一些不利的因素，如風比較大的時間和空間、煙塵較多的地方、比較喧鬧的場所等。還有，儘量不要在雷雨天練習。

八十八、練太極拳總是覺得動作僵硬怎麼辦？

這是練太極拳要避免的一種毛病。動作僵硬味道就不對了，就不像太極拳，也達不到太極拳鍛鍊的效果。可以從幾方面改進：

太極拳動作輕靈
（示範：徐憶中）

第一，開始學習時，不要求快，要注意正確的動作定型。一個式子僵硬了，下一個很自然就僵硬，一個式子順了，下面也就順。所以開始的動作就把它做柔了。

第二，一個技巧，要整體找柔的感覺。有的人學習時是分開找，比如先找手上的感覺，再找腿上的感覺，再找腰上的，這樣開始覺得容易一些，但一組合，還是僵硬，而且留有後患。寧可開始稍微麻煩

一點，也要從整體上找。一開始就從整體上找，表面上看難一點，其實是事半功倍的。整體上找的柔和，是真正的柔和。

第三，要有輕靈感。對於初學者來說，由於動作不熟練，開始時覺得動作僵硬是正常的，隨著動作的熟練，會有一定程度的改善，但如果練了一段時間還有這種感覺，就要在輕靈上下工夫了。

輕靈的作用就是去僵化柔。輕靈是從內向外找的，把內臟放鬆，把丹田、腰部放鬆，步法放鬆，想像自己如同在水中打拳，或者是漂浮在空氣中打拳，心境也鬆下來，逐漸動作做鬆了，輕靈就逐步實現了。

八十九、身體很疲倦的時候練習太極拳好嗎？

太極拳有消除疲勞的作用，經常練習會覺得神清氣爽，精力充沛。但身體很疲勞的時候一般不提倡馬上練太極拳。因為這時候身體狀態不好，很難做到身體的放鬆，緊張點比較多，動作也不容易做到位，經常在疲勞時練拳，反而容易形成錯誤的動作定型。再者此時精力渙散，不容易集中精神和入靜，做不到以心行氣，以意行拳，即使練習，也如同做操，難以達到深層鍛鍊的效果。

有的人在一天工作非常緊張、十分勞累之後，機械地執行每天必須練拳的規定，帶著疲勞練拳，這是大可不必的。

九十、集體練習太極拳怎麼做到整齊劃一？

　　集體太極拳演練是現在群眾體育活動的一個重要形式，在許多大型文體活動中經常出現。許多太極拳愛好者也有濃厚的興趣參加這項有益的活動。一些大型的集體太極拳表演如天安門萬人演練、三亞海濱萬人演練以及長城太極拳萬人演練等，在國內外產生了巨大影響。集體太極拳練習的關鍵在整齊劃一。如何做到這一點？

　　一是要根據情況，選擇適當的套路。一般不要過長，而且是大家都比較熟悉的。現在選擇比較多的是二十四式簡化太極拳，有時也用十六式等套路。

　　二是要配音樂練。集體人多，通過音樂，特別是專門為太極拳套路所作的音樂，都有明顯的樂點，在練習時把

三亞海濱萬人演練太極拳

樂點和動作對應起來，容易統一動作。

三是統一服裝。服裝不一定多好多高級，但一定要統一，要寬鬆，這樣視覺上就會舒服，就顯得一致。另外一點就是盡可能做一些合練。

九十一、太極拳對人體各系統及功能的鍛鍊作用是怎樣的？

太極拳作為一種優秀的健身方法，不僅有世界各國大量的實踐證明，也有著堅實的科學基礎。多年來，眾多中外太極拳家、科學家開展了多層次的、系統的太極拳健身研究，特別是在太極拳對人體各系統功能鍛鍊、改善作用方面更是形成了系統成果。這裏將有關內容向大家介紹一下。

太極拳對神經系統的影響

太極拳對神經系統的鍛鍊作用是非常突出的。太極拳的健康原則就是身、心並練。不只是形體上得到鍛鍊，在心理、精神方面也要有改善，是一種全面的健康觀。在技術要求上對神經系統的調節貫穿始終。

現代科學研究表明，人的大腦的能量消耗，大概占到人體能量消耗的六分之一到八分之一，如果大腦經常處於緊張之中，人體能量的消耗就大，不僅腦力疲勞，身體也會疲勞，並且造成交感神經和副交感神經的不協調，使大腦皮質紊亂，產生很多疾病。所以太極拳的入靜，使大腦

練太極拳對神經系統有良好
改善作用（示範：晏慎余）

的負擔解脫出來，改善神經系統
的抑制過程，消除病灶回饋性影
響。由運動使惡性興奮轉化為良
性興奮，使大腦皮質在運動中得
到休息。所以很多人的體會是，
本來很累，打一遍太極拳後，反
倒覺得大腦很清醒。

在打拳時要入靜，思想專
一，排除雜念，在意識的支配
下，精神始終關注在動作上，沒
有其他情緒的干擾，專注於指揮
全身各器官系統機能的變化和協調動作，使神經系統受自
我意念控制的能力得到提高。這樣就使大腦皮質進入一種
保護性抑制狀態，就讓緊張的思維、神經得到放鬆休息。
太極拳的動作，練習時要如行雲流水，連綿不斷，如長江
大河，滔滔不絕，由眼而手部、腰部、足部，上下照顧毫
不散亂，前後連貫，同時動作的某些部分比較複雜，必須
有良好的平衡能力，也間接地對中樞神經系統起訓練作
用。這樣就提高了中樞神經系統的緊張度，從而活躍了其
他系統與器官的機能活動，加強了大腦方面的調節作用。

太極拳動中有靜，靜中有動，用意不用力，精神既放
鬆又集中，動作四面八方都有，調節大腦神經的靈活性。
中樞神經指揮全身運動，有充足的時間、餘地發揮作用。
沒有哪一項運動有中樞神經如此深度、充分地參與，鍛鍊
了靈敏性，所以久練太極拳的人反應都十分敏捷。

神經系統的作用，是調節全身各器官功能活動、保持

人體內部的完整統一，以適應外部環境變化的需要。太極拳講究「意守丹田」，以靜制動，以增加自我意念的控制能力。增強神經系統對人體內外的良性控制力。使興奮與抑制過程協調，對身體及精神疾病有良好的防治作用。

　　另外，太極拳是一種很有興趣、很有樂趣的活動，經常練習的人，都有一種愉快的心情，練拳的時候，周身感覺舒適，精神煥發。這種樂觀情緒對神經系統也很有益處。

太極拳對心血管系統的影響

　　血液擔負著營養周身各組織器官的作用，心臟則是血液運行的動力。太極拳鍛鍊能增強心臟功能。經常練習太極拳，使心神得到靜養，並且延緩心臟舒張期，使心肌得以充分休整，使心肌收縮力加強，輸出增加，提高了心臟的工作能力。

　　在練習太極拳時，動作圓活自然，全身肌肉有節奏地收縮弛張，使血液流暢，靜脈回流增加，從而加速了血液循環，減輕了心臟負擔，對心臟起到了保健作用。

　　毛細血管是微循環物質交換的場所。經常練習太極拳，能使微循環功能加強，有利於毛細血管內外的物質交換，促進組織對氧的利用率，減少肌酸的蓄積，減緩疲勞，益於疾病的恢復，特別是對慢性冠心病、高血脂症、動脈硬化症都有較好的防治作用。

　　太極拳的動作，包括了各組肌肉、關節的活動，也包括了有節律的、均勻的呼吸運動，特別是腹式呼吸的橫膈

肌運動。全身各部骨骼肌肉的週期性的收縮與舒張，可以加強靜脈的血液循環，肌肉的活動保證了靜脈血液回流，及向右心室充盈必要的靜脈壓力。在腹式呼吸中，隨橫膈肌的一升一降，也使胸腹腔的壓力一張一弛，腹部壓力隨之有規律地升降，這種運動極有利於推動胸腹腔內的動脈和靜脈的血液輸送和回流，尤其使下腔的靜脈回流。因為靜脈壓比動脈壓要低得多，腰以下的靜脈血回流又受著地心引力的影響，所以靜脈血回流不僅要靠血管內壓力的推動、靜脈瓣的調節，而且也依靠血管外的肌肉的一張一弛和腹部壓力的一升一降來促進其回流。腹式呼吸所形成的腹壓升降，有利於血液的循環，這樣就使軀體和內臟獲得更充足的血液營養。

太極拳深長均勻的自然呼吸，並且要氣沉丹田，更好地加速了血液與淋巴的循環，加強了心肌的營養，為預防心臟各種疾病及動脈硬化建立了良好的條件。

太極拳的動作柔和、協調，也促使全身血管彈性增加、血管神經的穩定性增強。長期練太極拳對防止高血壓和血管硬化有良好作用。

太極拳對呼吸系統的影響

太極拳的呼吸要求細、勻、深、長，可以有效地鍛鍊呼吸肌，改進胸廓活動度，保持肺組織的彈性，使肺活量加大。在練習時還要求「意守丹田」，腹內鬆淨氣騰然」，這樣可以加大毛孔通氣量、開發衛氣，有利於肺的宣肅功能和肺朝百脈的作用。

太極拳的腹式呼吸，也對提高肺臟的通氣和換氣功能有良好的促進作用。它可以增加膈肌及腹部肌肉的活動度和調節肋間肌的呼吸功能，使肺與胸廓之間的牽張力加大，增加肺活量，提高肺泡與毛細血管壁的接觸面積，使氧及二氧化碳彌散能力增強。經過長期鍛鍊，可使呼吸頻率減少，增強呼吸

太極拳對人體呼吸系統有良好鍛鍊作用（示範：晏慎余）

效果，對防治各種慢性肺部病變均很適宜。

太極拳在運動時的呼吸都很緩慢，呼、吸都比較充分，肺裏面氣體的交換都很充分，呼吸肌的運動也很柔和，在不增加心臟負擔的情況下，增加、改善氧的供應。

太極拳中有很多開合動作，它們在柔和的狀態下進行，鍛鍊了胸部肌肉，對提高肺臟的通氣和換氣功能有著良好的作用。

太極拳對內分泌功能的影響

人由於過度的緊張會造成內分泌功能紊亂，太極拳在心境情緒上的良性調控，首先改善了由於緊張造成的紊亂。

練太極拳使人的植物神經系統穩定，內分泌功能增強，使免疫系統功能也得到增強。許多女士在練習太極拳

後面部氣色、斑點會有明顯的改善，就是內分泌的影響。

太極拳鍛鍊中很重視丹田的作用，有「意守丹田」「丹田內轉」等練法，內分泌系統也主要集中在腹部丹田位置，意念的運行和內氣的運行對人體的內分泌功能都有改善。

太極拳對消化系統的影響

很多人的實踐證明，打太極拳後消化系統功能明顯改善，這主要從幾個方面發揮了作用。首先，練拳使精神狀態變好，心緒平靜，沒有那樣多的心事了。精神作用對消化系統的作用是明顯的。大家都有這樣的體會，一段時間如果心事比較重，或情緒不好，就不想吃飯，而改善了情緒，胃口自然就好了，消化也好了。所以太極拳改善消化系統的一個方面是從改善情緒入手的，透過練拳消除不良情緒改善神經系統功能，對那些由於神經系統紊亂引起的消化疾病起到改善作用。

練太極拳以腰為軸，丹田內轉，增強了腹部按摩，加強了胃腸毛細血管的血液循環，改善了吸收功能。太極拳內動的運動方式，加上不斷的旋腰擰胯，全身一動無有不動的練習，也改進、增強了排泄功能，所以長期練太極拳便秘的很少。這些都體現了太極拳對消化系統的調節。

太極拳對骨骼肌肉的影響

太極拳的調形，不僅是調健康，還調健美。太極拳的許多要領，其實也是塑造健美、強壯的體型。使肌肉豐

滿，體質健壯，體態優
美。

太極拳要求立身中
正，使身體外形挺拔，
步法靈活，並且始終屈
膝打拳，強化了下肢，
增加骨骼、肌肉的力
量，加強了對形體的控
制力，能夠強化骨骼，
延緩骨質疏鬆症的發
生，延緩衰老。

太極拳的弧形轉
動，以腰為軸，暢通了

練太極拳對人體經絡系統功能有良好
改善作用（示範：王培生）

經絡，有利於氣血的運通和肌肉的營衛。太極拳內外合一
的運動，是一種從根源上的強壯。上下相隨，內外結合，
快慢相間，節節貫串，使臟腑組織到肌體組織、關節韌
帶、腱鞘肌群，都得到同時活動和鍛鍊，久而久之，肌肉
豐滿發達，骨骼強健有力，使骨的理化特性得以改善，提
高骨的抗折、抗壓、抗彎、抗脫臼能力。對各種關節病，
例如關節僵硬、行走坐起不便、足膝萎軟、屈伸無力、骨
質增生等，有良好的預防作用。

太極拳對經絡系統功能的影響

經絡是中國傳統醫學獨特的視角。養生的效用必然也
反應在經絡系統中。經絡是氣血運行的通道，人體健康與

否，與經氣暢通與否密切相關。練習太極拳，要意達梢節，氣貫梢節，就是手足的末端，而手足的三陰、三陽經貫通於此。所以太極拳的每個動作都是對經絡系統的鍛鍊。

太極拳每一個動作的重點關注點也大都是經絡系統重要穴位的所在。比如虛領頂勁，相關的有百會穴；含胸拔背，相關的有大椎、尾閭穴等；沉肩墜肘，與肩井、勞宮等穴位相應。所以，太極拳的所有動作，也是經絡的導引動作。練一遍太極拳就是對全身經絡進行了一次導引。

「尾閭中正」「虛領頂勁」有利於任脈、督脈經氣的運行。太極拳一動，內氣就在任督脈中周流不息。

特別是氣沉丹田，丹田被認為是「氣海」所在，為任、督二脈的交匯處，對丹田的特殊關注就是對經絡的強化鍛鍊。

太極拳練習到一定的量、到一定程度時，身體就有一些細微的感覺，如小腹發熱，四肢末梢發脹、發麻之感。類似於中醫針灸時的感覺，這就是導通經絡、穴位的表現。

九十二、怎麼理解《太極拳論》？

王宗岳的《太極拳論》是太極拳最重要的一份文獻，練太極拳的人都應該讀一讀。但每人的理解、每個階段的理解都可能不一樣。

理解《太極拳論》，要把它當做一篇太極拳的大原則來看，它講的是太極拳的根本道理，適合各種流派的太極

拳，也為各派太極拳家所推崇。所以不要將其對應拳術技術上過於具體，它講的是太極拳的綱要，是從整體上來概括的。有的人把《太極拳論》對應每個動作來分析，就很容易產生局限性。

《太極拳論》涉及了太極拳的基本理論、拳術屬性，也有練法上的拳理，養生、技擊都有論述。通篇可以貫穿於每個動作的要領中，都可找到立足點，但又

《太極拳論》對太極拳練習有重要指導作用（示範：鄭曼青）

不是針對每個動作來說的。所以理解《太極拳論》要從宏觀入手，這樣才體會、獲得的更多。

研讀《太極拳論》還可以參考一些名家的注解。歷代太極拳家中有許多人結合自己的體會對太極拳進行了分析解剖，這些分析都融會了自己多年的切身體會，是我們理解《太極拳論》的重要輔導材料。

九十三、太極拳中的「無極」應怎樣理解？

王宗岳在太極經典《太極拳論》中開篇就強調：「太極者，無極而生，陰陽之母也。」這是太極拳論開宗明

無極樁是練太極拳的基本功
（示範：王繼生）

義，解釋「太極」的含義，以及太極拳名的由來。

練太極拳不可不知「太極」，這裏說明了把握太極拳健身的兩大要點，一是整體觀，二是平衡和諧。「無極」就是一個整體的概念，中國哲學認為，「無極」乃天地之始，也是人體之始，是人的嬰兒狀態，練太極拳就是返璞歸真，去雜念，健身心。開始練習太極拳時，很多老師要求學員要練無極樁，就是體驗無極的狀態，還沒有分陰陽的狀態，體驗人體內外的完整性，哪裏有矛盾？哪裏有病痛？這叫「靜查」。由「無極」到「太極」，分了陰陽，有了陰陽，就有了矛盾，「一陰一陽之謂道」，太極拳就是解決、處理、平衡、和諧人體各種陰陽矛盾的一門健康學問。所以太極拳健身的關鍵也在於把握運動中的陰陽要素，比如收放、開合、進退、內外、快慢、攻防等，依照科學規律來鍛鍊，就會取得良好效果。

在理解古典拳論時還要注意避免一點，就是不要陷入唯心主義之中，很多拳論是借哲學語言講明拳理，也不能一味機械地從字面理解。

九十四、太極拳經常提到「雙重」，應如何理解？

雙重是太極拳中反覆強調要避免的一個「病」。拳論中說：「立如平準，活如車輪。偏沉則隨，雙重則滯。每見數年純功，不能運化者，率皆自為人制，雙重之病未悟耳。」

但對於雙重，許多人有不同的解釋。大體上有兩種基本的含義，一是指自己練拳時陰陽不分，虛實不清；二是指與人推手、交手時以蠻力硬抗，不知引進落空，不知四兩撥千斤。雙重有什麼危害？虛實不清、與人硬頂，就懂不了太極拳的勁，就不能去僵化柔，克服不掉自己身上的緊張點，意氣轉換不靈，難以神清氣爽，達不到養生的效果。所以練太極拳時輕靈婉轉很重要，要做到輕靈就需要立身中正，如天平一般穩定、平衡，要像車輪一樣圓活。

九十五、如何做到「虛領頂勁」？

拳論中說：「虛靈頂勁，氣沉丹田。不偏不倚，忽隱忽現。」這是講身法要領。

練拳要氣順，不順則滯，順就要上下貫通，頭頂百會有向上領起之意，但又不能死頂，造成氣血上湧。所以要

虛領頂勁（示範：趙幼斌）

「靈」，要「虛虛領起」，這樣精神就提起來了。

頭向上虛領，腳下的配合很重要，腳要向下鬆下去，這樣上下就有了挺拔的感覺，還很端正。

中間氣沉丹田。上下一對拔，中間腹部輕輕沉下，腰胯隨之而沉，丹田就有充實感。這樣上、中、下三位一體。動起來也要保持這種狀態，不能前仰後合，左晃右搖，變化上虛實分明，勁力運轉流暢，形成一種有規矩的靈活動態。

九十六、如何理解拳論所說的「動之則分，靜之則合。無過不及，隨曲就伸」？

太極拳把人體比做「太極」，身體一動，就分了陰陽，身體一靜，陰陽則合，收式時有的套路叫做「合太極」。在打拳過程中，也要動中有靜，就是陰陽即使分開時，也要時時處處有相合之意，有合的趨勢，這樣才平衡，是動態的平衡。所以在練拳中，不管動作如何開展，不能散，中醫養生上也叫「抱元守一」。不散的一個方法就是不能過，運動中的各種陰陽元素不能過，也不能泄，

不能「癟」，這就是「無過不及」，守「中」。身體中正，意念中和。「隨曲就伸」就是順應人體的自然規律，規律就像事先建好的管道，水要順管道流。

　　「無過不及，隨曲就伸」就是中國古代儒家所宣導的「中和」的思想在拳術上的具體應用。對於一個事物、一個系統，一個物件，

動之則分（示範：李樹峻）

先要判斷，把握它的「中」，這個中是一個標準，這個標準決定你的「動」要圍繞這個中心來波動，不能偏離。因為不能靜態地固定在那一點上，所以要不斷變化，隨曲就伸就是一種立體的變化模式。

九十七、如何理解太極拳的「神明」境界？

　　傳統太極拳論中說：「由著熟而漸悟懂勁，由懂勁而階及神明。然非用力之久，不能豁然貫通焉。」（王宗岳《太極拳論》）其實「神明」就是自然符合規律的一種狀態，對規律的自然體察和調節糾正以便符合的一種水準。

　　怎麼才能達到拳論所說的「神明」境界？先練「著」法，要反覆練習，熟能生巧，一開始先走架，練好外形動

神明是太極的高級境界
楊禹廷太極拳勢

作。外形準確了，逐漸體會內，要「找」內勁，就是「漸悟」，不要急。做動作時跟你平時做其他體力活動區別不大，等你感覺到「勁」了，就不同了，就算入了太極拳的軌道了。太極拳的勁有很多種，要逐一體會。把「勁」都掌握了，能自如運用的時候，再一打太極拳動作，對與不對，你自己就能感覺出來，不符合太極拳勁力標準的就是不對，這就是所謂的「神明」了。

這個道理其實很簡單。要達到「神」就要先老老實實「守規矩」，依照要領練動作，長期地練，功夫下到才能成。

練太極拳沒有說誰如何聰明，少練一些就能功夫更深的。太極拳是需要體悟，但是在練到一定數量的基礎上，才能感受深刻。相反，任何人通過一定的練習都能掌握太極拳，它又是一項很簡易的運動。

九十八、練好太極拳應具備什麼樣的條件？

練習太極拳不需要什麼特殊的條件，各種身體狀況的

人都可以練好。要練好太極拳需要強調幾個方面：

一是對太極拳要有正確的認識，太極拳具有良好的健身效果，所以要有信心，但它不是萬能的，也不是包治百病的，要客觀看待。第二要堅持，不堅持再好的健身專案也無從談起。第三要動腦子，要「用心」練，這樣越練越有興趣，也就容易堅持。第四，講究體育衛生，講究科學鍛鍊。再有就是穿寬鬆一些的服裝，舒適一點的鞋，就是穿著上的適當。

九十九、太極拳的主要流派有哪些？

太極拳不論哪一種流派，基本理論和技術是相通的，只是風格上有所區別。

在太極拳的流派劃分上，還有「氏」「式」「派」之說。在20世紀初期，各派太極拳多以「氏」來命名，如「陳氏太極拳」「楊氏太極拳」等，因為這些流派都是以其創始人或重要貢獻者的姓氏來命名的。

後來，特別是新中國成立後，又逐漸地改成叫「式」，這是因為，在太極拳傳播過程中，逐漸打破家族傳承的體系，廣泛向社會上傳播，也出現了許多外姓的傑出弟子，太極拳已不局限在某一家族的內部。當然，很多太極拳世家也很好地繼承了先輩的傳統，湧現了一些傑出的代表人物，但畢竟太極拳的範圍大大地拓展了，所以很多人認為，繼續以「氏」來命名，含義上就有些狹窄了。

另一方面，政府有關管理部門在推廣中，為了避免家族色彩，更好地體現現代的觀念，所以也多用「式」來稱呼太極拳流派，叫做「陳式太極拳」「楊式太極拳」等。

也還有一些專家認為，叫「式」也不準確，更嚴格地說，大的太極拳流派應該叫「派」，如「陳派太極拳」「楊派太極拳」等。為什麼呢？他們認為，派是指風格，現在幾大流派太極拳各自在風格上是比較明確、比較確定的，但在流傳過程中，具體到每一個人，特別是有較高造詣的人，隨著每個人文化背景、人生經歷、練拳過程等多種因素的不同，即使練同一種流派的太極拳練出來的樣式也有所差異，這應該是「式」，而該流派應該叫「派」。但因為有些人認為，稱呼為某某派，容易讓人聯繫到武術的「宗派」「門派」，所以這種稱呼法目前還沒有得到廣泛使用。

我們這裏還是依照現在通用的說法，以「式」來命名。

陳 式 太 極 拳

陳式太極拳發源於河南省溫縣陳家溝。陳式太極拳也是現在流傳較廣的楊式、吳式、武式、孫式等幾個大的太極拳流派的總根源，這幾種太極拳流派均脫變於此。陳家溝坐落在溫縣的城東。據族譜記載，陳氏的氏祖是陳卜，原來居住山西洪桐縣，後遷居溫縣城東十裏的常楊村，村中有一條南北走向的大溝，後來這個地方陳氏的人丁逐漸興旺，常楊村也就改名為陳家溝了。

陳式太極拳的創始人為陳氏第九世陳王廷，這是有史料記載的，「陳王廷在明末拳術已著名。於拳術更加研究，又多有心得，代代相傳，成為獨特之密」。關於陳王廷創拳有幾句非常著名的話，流傳比較廣泛，就是在現存的《拳經總歌》《長短句》詞：「歎當年，披堅執銳，掃蕩群氛，幾次顛險！蒙

陳式太極拳（示範：陳正雷）

恩賜，枉徒然，到而今老殘喘。只落得，《黃庭》一卷隨身伴，閑來時造拳，忙來時耕田，趁餘閒，教下些弟子兒孫、成龍成虎任方便⋯⋯」特別是其中的「閑來時造拳」一句，被認為是陳王廷創太極拳的重要依據。

陳氏家族對太極拳貢獻很大，歷代出現了很多傑出的拳家，如陳長興、陳有本、陳清萍、陳鑫、陳發科等。陳鑫在太極拳理論上貢獻特別突出，其著作闡述的比較系統。陳發科在20世紀初把陳式太極拳帶到北京，並在北京公開傳授，使陳式太極拳全面走向社會。他還教授了很多外姓弟子，其中很多人都成為了後來太極拳發展的重要人物，比較傑出的如馮志強、李經梧、田秀臣、洪均生等，

在全國各地傳授陳式太極拳。

現在陳式太極拳已經成為一個社會化的具有廣泛參與性的群眾鍛鍊項目。如今活躍在國內外太極拳界的陳氏族人代表性的人物為陳正雷、陳小旺等。陳式太極拳主要在社會上的流傳套路為陳式太極拳老架一路、二路，陳式太極拳器械等。陳式一路流傳最廣。二路也稱「炮捶」，發勁動作較多，更受年輕人喜愛。陳式太極拳的其他套路還有陳式小架一路、二路等拳術套路，以及陳式太極單刀、雙刀、單劍、雙劍、雙鐧、梨花槍夾白猿棍、春秋大刀、三杆、八杆、十三杆等器械套路；還有各種推手法、內功法等。

陳式太極拳以鬆柔為本，剛柔相濟。練拳速度上並不是完全均勻的，有快慢的變化，有一定的節奏。發勁的時候很快，蓄勁的時候就慢一些。它的一個顯著特點是運用纏絲勁。

纏絲勁顧名思義就是動作運作起來像纏絲一樣，有環繞，有抽絲，大圈套小圈。你一看有纏絲勁，就是陳式太極拳。在發力的時候富於彈抖性，不是直來直去的剛猛，彈抖中有螺旋。還很注重內功，丹田內運，練內氣，這是它健身的一個方面。身型上要求中正，氣宇軒昂，強調意、氣、形的統一。推手時纏繞黏隨，不丟不頂。發力富於彈抖性，練習要求丹田內轉，身體中正，非常有氣勢。強調意、氣、形的和諧統一。很多年輕人都很喜歡練習陳式太極拳。陳式太極拳的套路也很具有表演性，具有很好的視覺享受。

楊式太極拳

　　楊式太極拳是現在流傳最廣、習練人數最多的太極拳流派。因為上世紀50年代國家體委編定24式簡化太極拳時就是以楊式太極拳為藍本來進行的，所以簡化太極拳的推廣也帶動了楊式太極拳的普及。後來很多普及性的套路也多以楊式太極拳為基礎創編。

　　楊式太極拳由河北永年人楊露禪創編，並經其後人進一步發展完善，所以成楊式太極拳。楊露禪幾次到陳家溝學習拳術，現在還廣泛流傳著關於楊露禪學藝的種種傳

楊式太極拳（示範：楊振鐸）

說，有的還根據這些傳說拍成了電視劇。楊式家族也出現了很多著名太極拳家，其中楊澄甫在社會普及上做的工作最多，他在大江南北傳授太極拳，弟子遍天下。

楊式太極拳來源於陳式，但風格上有比較大的變化，在動作上更加柔和，更加適合各種人群練習。從陳式太極拳到楊式太極拳也是太極拳發展中的一次革命。

楊式太極拳架式舒展大方，速度均勻連貫，身法中正安穩，整個套路練習時自然流暢。在勁力方面輕靈灑脫，圓滿沉靜，內涵充沛。楊式太極拳有中架、大架等套路，在練習時也可以分為高、中、低三種，有大捋等推手方法。楊澄甫流傳下來有一套照片，包括拳架的，大捋的，是練習楊式太極拳的範本。

楊式太極拳的代表人物有楊班侯、楊健侯、楊澄甫等。楊家後裔代代承傳，為楊式太極拳發展發揮了巨大作用。楊澄甫之子楊振銘、楊振基、楊振鐸、楊振國均為當代名家。還有很多外姓弟子也非常傑出，如李雅軒、傅鍾文、崔毅士、董英傑、牛春明、趙斌、鄭曼青等。

吳式太極拳

吳式太極拳是清代的武術家吳全佑對他所習練的楊式太極拳功架進行改造、衍化，之後又經過他的兒子吳鑒泉進一步修正、潤營形成的。它主要根源是楊式小架太極拳式。

吳式太極拳功架比較緊湊，鬆靜自然，輕靈圓活，動作很連貫，一環扣一環，動作很細膩，富於「文氣」。推手具有手法嚴密、細膩、綿柔等特點。吳式太極拳在上

海、北京等地流傳很廣，特
別是有很多知識份子習練，
在理論研究上也比較注重。

　　吳式太極拳有多種器械
練習套路。如太極劍、太極
刀、太極十三槍、太極二十
四槍、紮四槍、粘杆、太極
對劍等。

　　在吳式太極拳的發展
中，北京的王茂齋、楊禹
廷、徐致一等均做出了巨大
貢獻，培養了大批優秀弟
子。王茂齋與吳鑒泉有「南
吳北王」之稱。

吳式太極拳(示範：翁福麒)

武 式 太 極 拳

　　武式太極拳是清代太極拳家武河清在原來趙堡太極拳
的基礎上進行改進創編的。武河清字禹襄，所以太極拳界
稱之為武禹襄的較多。武禹襄開始跟隨過楊露禪學習太極
拳，那時候楊露禪從陳家溝學拳返鄉，武禹襄兄弟與他是
同鄉，又都喜歡武術，就向楊露禪學習陳式老架太極拳。
後來武禹襄兄武澄清考中進士，到河南舞陽縣做知縣，武
禹襄到兄長的任所，路過溫縣，就在趙堡鎮學拳一段時
間。他把自己的所學融會貫通，就產生了武式太極拳。

　　武禹襄的外甥李亦畬對武式太極拳貢獻也很大，從

武式太極拳（示範：翟維傳）

1853年跟隨武禹襄學拳，他在太極拳理論和實踐上都有很高的造詣。可以說武式太極拳是經過李亦畬之手進一步完善定型的。

武式太極拳拳式小巧緊湊，身法緊嚴無隙，內固精神，外示安逸，體態端莊含蓄，氣勢騰挪鼓蕩，開合有致，虛實有法。在步法上嚴格分虛實，胸部、腹部的進退旋轉始終保持中正，是用內動來支配外形的變化。手法以豎掌為主，出手不過足尖，左右手臂各管半個身體，互相不隨便逾越。練拳的時候比較注重氣勢。武式太極拳整個套路練起來比較端莊、含蓄，沒有劍拔弩張的感覺。

值得一提的是，武禹襄所作的《十三勢行功歌解》《四字秘訣》，李亦畬所作的《五字訣》《走架打手行功要言》等都是傳統太極拳論代表性作品，受到高度重視。

孫 式 太 極 拳

孫式太極拳是由河北完縣著名武術家孫祿堂創編的，所以稱為孫式太極拳。孫祿堂是近代文武雙全的大武術

家，精通形意、太極、八卦，並且把這些武術的精華融會貫通，在太極拳中吸收了形意、八卦的一些技術特徵，形成孫式太極拳。孫祿堂先生之子孫存周、女孫劍雲都是著名的武術家，為推廣太極拳、形意拳做出很大的貢獻。

孫式太極拳的基本特點是開合相生，進退相隨。在步法上邁步必跟，退步必撤，進退的層次很分明。身法上每當左右轉身時必然以開合相接，動作舒展圓活，敏捷自然，拳勢如行雲流水，綿綿不斷。

孫式太極拳
（示範：孫劍雲）

孫式太極拳沒有跳躍動作，練拳時要求中正平穩，全身內外平均發展，一動無有不動，內外一體。練習時虛實變化比較明顯，拳勢流暢，一招一式交代十分清楚，和呼吸的配合也非常到位。

趙 堡 太 極 拳

趙堡太極拳是太極拳的重要流派之一，主要傳承於河南溫縣趙堡鎮。流傳的趙堡太極拳分高、中、低三種架式，還有各種器械和推手。趙堡太極拳注重用意，強調內功訓練，要求練拳的時候配合呼吸，並練通大小周天，進而內轉丹田。趙堡太極拳雖然比較古老，但原來宣傳不多，相對於另外五大流派太極拳來說，傳播範圍相對較

趙堡太極拳（示範：王海洲）

小，但近年來加強了推廣工作，習練的人越來越多。

一○○、太極拳和其他武術流派有何區別？

太極拳作為一種武術拳種流派，也具有一般武術的一些顯著特徵，比如具有強烈的技擊色彩，具有完整的套路等。但也有一些區別於其他武術流派的獨到特點。主要為：

1. 技擊和健身並重
不僅具有先進的技擊思想，如「以柔克剛」「後發制

太極拳是一種具有鮮明特點的運動

人」等，有豐富的技擊方法，如十三式、各種勁等，還有良好的健身效果。

2. 理論和實踐並重

理論性比較強，太極拳的理論體系非常完整，並具體結合技術要領，互為補充，從文化背景到拳論，非常系統。

3. 文化韻味比較突出

吸收了大量的中國傳統哲學等文化的養料，並逐步上升到一種生命體驗的境界。

4. 技術上的特徵比較鮮明

比如柔和緩慢、連綿不斷、折疊婉轉等，讓人一看，就能分辨出這是太極拳。

國家圖書館出版品預行編目資料

太極密碼／余功保　著
——初版，——臺北市，大展，2011〔民100．02〕
面；21公分 ——（武學釋典；2）
ISBN　978－957－468－791－6（平裝；）

1.太極拳
528.972　　　　　　　　　　　　　　　99024583

太極密碼 中國太極拳百題解

著　　　者／余功保
責任編輯／張建林
發 行 人／蔡森明
出 版 者／大展出版社有限公司
社　　　址／台北市北投區（石牌）致遠一路2段12巷1號
電　　　話／（02）28236031・28236033・28233123
傳　　　眞／（02）28272069
郵政劃撥／01669551
網　　　址／www.dah-jaan.com.tw
E-mail／service@dah-jaan.com.tw
登 記 證／局版臺業字第2171號
承 印 者／傳興印刷有限公司
裝　　　訂／建鑫裝訂有限公司
排 版 者／弘益電腦排版有限公司
授 權 者／北京人民體育出版社
初版1刷／2011年（民100年）2月

定　　價／200元

●本書若有破損、缺頁請寄回本社更換●

大展好書　好書大展
品嘗好書　冠群可期

大展好書　好書大展
品嘗好書　冠群可期